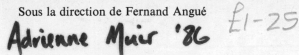

UNIVERS DES LETTRES

Sous la direction de Fernand Angué

Adrienne Muir '86

£1-25

LA FARCE
DE MAISTRE
PIERRE PATHELIN

avec une notice sur le théâtre au Moyen Age,
une analyse méthodique de la farce,
des notes, des questions

par

C. E. PICKFORD, M. A., D. ès L.

Professor of Medieval French Literature
University of Hull

D0785675

Bordas

Adam de la Halle

d'après une miniature du temps

«... quelques noms seulement nous sont parvenus, notamment celui d'Adam de la Halle, dit Adam le Bossu d'Arras... » (voir p. 3)

© Bordas, Paris 1967 — 1re édition
© Bordas, Paris 1979 —

I.S.B.N. 2-04-012172-2 – I.S.S.N. 0249-7220.

LA FARCE
DE « MAISTRE PIERRE PATHELIN »

1. Le théâtre au Moyen Age

Le théâtre médiéval français est une invention du Moyen Age car
le théâtre antique, grec et latin, n'a joué qu'un rôle négligeable
dans son évolution. Les premières pièces étaient de caractère
liturgique : les poètes illustraient le culte, surtout pendant les
offices de Pâques et de Noël. Pour rendre plus humaines ces pièces
religieuses on y inséra de bonne heure des scènes comiques.
Dans *le Jeu d'Adam*, pièce consacrée au premier péché, le diable
et ses démons offraient au public un spectacle amusant. Dans son
Jeu de Saint Nicolas le poète arrageois, Jehan Bodel, a introduit
de longues scènes où l'action se déroule dans une taverne : ce sont
des scènes comiques. Jehan Bodel, tout comme plus tard les roman-
tiques, n'a pas hésité à mélanger le comique et le grave. « Il use,
avant Shakespeare, des plus grandes hardiesses de Shakespeare »,
a écrit Petit de Julleville en 1880. Ainsi le théâtre religieux comprend
des éléments sérieux et des parties comiques; impossible donc d'établir la distinction classique entre la tragédie et la comédie en parlant
du théâtre médiéval. Ajoutons qu'au Moyen Age le terme de *comédie*
s'appliquait à un poème dont le début est triste et la conclusion
plutôt joyeuse : « *carmen jocosum incipiens a tristitia et terminans
in gaudium* » (Jean de Garlande, *Poetria*).
N'insistons pas trop d'ailleurs sur l'hypothèse du génie religieux
dans le théâtre comique. Il a existé une tradition comique bien
avant l'apparition du théâtre religieux : n'oublions pas les fabliaux
que racontaient les jongleurs, ni les contes à rire (en vers), ni les
mimes, ni les plaisanteries des *joculatores*.
Dès le XIIIe siècle, le théâtre comique est un genre indépendant.
Les auteurs nous sont souvent inconnus; quelques noms seulement
nous sont parvenus, notamment celui d'Adam de la Halle, dit
Adam le Bossu d'Arras, qui vécut dans la seconde moitié du
XIIIe siècle. Son *Jeu de la feuillée* est une sorte de revue satirique,
tandis que son charmant *Jeu de Robin et de Marion* a été qualifié
de « premier opéra comique ». En fait, c'est une pastourelle dramatique où figurent un chevalier, des bergers et des bergères; le dialogue
en est entrecoupé de chants et de danses (ainsi le *jeu* annonce la
pastorale ou même la comédie-ballet, genres encore si populaires
au XVIIIe siècle). Le théâtre comique poursuivit son évolution au
XIVe siècle, mais les pièces datant de cette époque sont rares.

Sotie nouuelle A qua tre Parſonnaiges des Rapporteurs

rauon · par · tout

par · tout · rauon

tout · par · rauon

Le Jev du Prince des Sotz Et Mère Sotte Jové aux Halles
de Paris le Mardy Gras. L'an mil cinq cens et unze

« *Sur la tête, le chaperon aux longues oreilles; à la jambe, les grelots* »
(voir p. 5). Observer l'emblème : « Tout par raison; raison partout;
partout raison »

2. La farce, genre littéraire

C'est surtout au xvᵉ siècle que commence la floraison extraordinaire du théâtre profane. Nombreux sont les « cris », les « soties », les « moralités » et les farces, pour ne pas citer les monologues satiriques et les sermons joyeux. Mais qu'est-ce que la farce? L'origine du terme n'est pas bien claire. On a suggéré que la farce était avant tout une petite pièce comique insérée dans un long « mistère » : la farce « farcit » — pour souligner la métaphore culinaire — le mistère. Explication pittoresque, ingénieuse, mais, il faut l'avouer, bien peu convaincante. Autre hypothèse : la farce est un mélange d'ingrédients variés, savoureux; on appelait parfois *pièces farcies* les pièces où s'introduisaient des expressions latines, où se mêlaient des langues diverses. Cette explication trouverait argument dans le célèbre passage de notre farce de *Pathelin* où le héros, feignant le délire, parle en dialectes et en latin; c'est la «scène de divers langages». En fait, la deuxième hypothèse repose, elle aussi, sur une métaphore culinaire. Il n'y a là rien d'étonnant, la *satura* latine n'était-elle pas une sorte de salade d'herbes hachées, avant de devenir un genre poétique?

Le terme de *farce*, s'appliquant à une pièce de théâtre, se rencontre à partir du xvᵉ siècle. La pièce ainsi nommée se caractérise par ses thèmes et ses personnages. La ruse, la tromperie, les mystifications en sont les éléments principaux et les thèmes traditionnels. Les personnages sont plutôt humbles. On ne voit pas sur la scène des rois, des chevaliers, des demoiselles, mais des gens de petite condition, surtout les habitants des villes : des marchands, des avocats, des fripons, sans oublier leurs femmes.

On a parfois cru pouvoir établir une distinction entre la farce et la sotie. Il est vrai que, dans la sotie, les acteurs portaient le costume des *sots* : sur la tête, le chaperon aux longues oreilles; à la jambe, les grelots, et ils tenaient à la main une marotte. Cependant, pour les auteurs et le public du Moyen Age, la distinction était peu importante, comme le prouvent des titres de pièces écrites à cette époque : *Sotie et Farce nouvelle; Farce ou Sotie des Vigilles Triboullet*. Dans son *Art poétique françois*, publié en 1548, un an avant la *Deffence et Illustration de la langue françoyse*, Thomas Sebillet écrit : « Le vray suget de la farce ou sottie françoyse sont badineries, rigauderies et toutes sotties esmouvantes à rire et plaisir [1]. »

La farce médiévale n'a pas disparu à l'époque de la Renaissance. Bien au contraire, on a continué à écrire, à jouer et à imprimer des farces pendant tout le xviᵉ siècle, et encore pendant le xviiᵉ : un recueil important de farces sortit des presses d'un imprimeur lyonnais en 1619.

---

1. Éd. F. Gaiffe, S. T. F. M., p. 156.

Les procédés dramatiques de la farce médiévale française survivront d'ailleurs dans les pièces de Molière : les coups de bâton et, ce qui est beaucoup plus important, la comédie verbale, les répétitions qui font rire, par exemple. Tout le monde connaît le « sans dot » de *l'Avare*, et l'exclamation d'Orgon dans le *Tartuffe :* « Le pauvre homme ! » « Parlés plus bas ! » (v. 509), et « Le povre homme ! » (v. 521) de *la Farce de Pathelin* sont moins célèbres ; pourtant, cette comédie verbale annonce celle de Molière. Le mot que prononce le juge : « Revenons à ces moutons » (v. 1291) est devenu proverbial, comme le « Nous avons changé tout cela » du *Médecin malgré lui*. Et, comme l'auteur de *Pathelin*, Molière se livrera au jeu des divers langages dans *le Médecin malgré lui* (II, 6) où Sganarelle parle latin.

En somme, la farce du Moyen Age est un genre d'une grande importance. Son influence a été durable, et l'on ne saurait trop attirer l'attention sur le génie de ces anciens auteurs comiques dont la plupart sont restés anonymes.

3. Les acteurs

Le comique de la farce ne se dégage complètement que lorsqu'elle est interprétée par des acteurs. L'action se fonde souvent sur la tromperie : les personnages jouent donc un rôle à l'intérieur même de la pièce, pour ainsi dire. Pathelin est non seulement un avocat, mais il feint d'être un agonisant qui délire ; le berger, Thibault Aignelet, doit feindre d'être un muet qui ne peut prononcer un mot : il ne sait pousser que des « bée ». Dans la plupart des farces les personnages se livrent à des mystifications ; aussi, pour être pleinement appréciée, toute farce doit être jouée, et bien jouée.

Des groupes d'acteurs jouant des farces dans les « hôtels » de familles nobles ne sont pas inconnus au XIVe siècle. Mais c'est surtout pendant le siècle suivant que s'organisent des troupes, des sociétés de joueurs de farces. Les jongleurs — acteurs comiques « professionnels » dans ce sens qu'ils gagnaient leur vie en amusant le public — offraient aux spectateurs surtout des monologues dramatiques et comiques, par exemple *le Franc Archer de Bagnolet*. Les clercs du Palais de Justice, qui au XVe siècle étaient nombreux s'étaient organisés pour former des corporations ou des « confréries » Dans les grandes villes où se trouvaient des Écoles de Droit, c'est à-dire Orléans, Toulouse, Bourges, Poitiers, mais surtout Paris e Rouen, les avocats avaient fondé une « Communauté des Procureur et Avocats au Parlement ». Les clercs, eux aussi, eurent leurs corpora tions : celle de Paris s'appelait *la Basoche*, dont les membres priren le nom de *Basochiens*. Les débats de justice suggéraient aux clerc le spectacle du débat, de l'argument, du drame qu'offre un procès alors, pour s'amuser, notamment à l'occasion du Mardi-Gras, le

Basochiens imaginèrent des pièces satiriques, les « causes grasses » : procès grotesques où l'on jugeait des causes ridicules.

La Basoche était, à l'origine, une organisation professionnelle des clercs qui appartenaient à la Cour du Châtelet : une section du Palais, une section de la Chambre des Comptes, etc. L'orientation de cette confrérie vers le théâtre est d'une importance capitale pour l'étude des farceurs. Dès l'an 1424, les clercs du Châtelet jouèrent un rôle important dans le spectacle qui fêta l'entrée du duc de Bedford à Paris. Avant 1450, comme les Enfants Sans-Souci et les Confrères de la Passion, les Basochiens représentaient, outre des pièces religieuses, des farces et des moralités. Les Basochiens et les Enfants Sans-Souci (sous-section de la Basoche spécialisée dans les farces et les pièces profanes) jouaient non seulement devant leurs confrères mais aussi devant le public. Au XVe siècle, les grands « farceurs » sont des Basochiens, comme Jacques le Basochien; au siècle suivant, Clément Marot adressera à François Ier une épître *pour la Bazoche*. En somme, c'est à la jeunesse diplomée et indisciplinée que nous devons une longue tradition d'auteurs comiques, des auteurs de génie dont la contribution est parfois sous-estimée.

4. L'action dans la farce de « Pathelin »

La farce de *Pathelin* se compose de deux actions différentes, mais entremêlées. Elles peuvent se résumer très succinctement ainsi :

Première action. — Pathelin, à court d'argent, persuade un drapier de lui « prêter » du drap. Quand le drapier se présente chez Pathelin et demande son argent, notre héros joue le malade, le mourant même, et le drapier doit partir sans avoir reçu un sou.

Seconde action. — Ce même drapier accuse son berger de lui avoir volé des brebis. Il le somme devant le juge. Le berger cherche un avocat qui puisse le défendre, et il choisit Pathelin. L'avocat lui conseille de ne répondre à aucune question, sauf en prononçant le mot « bée ». Arrivé devant le juge, le drapier reconnaît Pathelin, qu'il croit mourant, et confond les deux causes; le drap que lui a subtilisé Pathelin et les moutons que le berger a tués. Le juge ne comprend rien du tout à ce qu'il dit. Le berger est déclaré non coupable, mais quand Pathelin lui demande ses honoraires, le berger ne répond que « bée ».

On le voit, c'est le thème du « trompeur trompé »; mais avec quelle adresse l'auteur anonyme sait interpréter ce thème! On a souvent reproché aux auteurs de farces leur grossièreté, leur hâte, leurs personnages au caractère peu développé. Ces reproches sont parfois justes, mais *Pathelin* ne les mérite jamais. Nous avons le temps d'observer l'avocat Pathelin : Pathelin qui réussit mal à convaincre sa femme qu'il est capable d'obtenir, grâce à son éloquence, du drap pour une robe; Pathelin qui flatte le drapier; Pathelin qui délire, qui feint le mourant, qui donne des conseils au berger, qui profite de la confusion du drapier devant le juge, etc. Ce qui caractérise l'action de cette farce c'est le jeu des esprits, le conflit des idées, ce ne sont pas les coups de bâton. L'action demande des acteurs qui savent feindre, qui savent persuader, par arguments souvent faussés ou même faux. En un mot, elle offrait aux Basochiens, acteurs très entraînés, une excellente occasion de briller devant leur public; ainsi s'explique le succès de cette farce, qui bientôt supplanta toutes les autres.

5. « Pathelin », son auteur et sa date

Les questions de l'origine de la pièce, et de son auteur, ont fait couler beaucoup d'encre. On a suggéré qu'il fallait l'attribuer au poète normand Guillaume Alexis. En effet le nom de l'auteur de *Pathelin* nous reste caché. Cependant on peut établir certains faits. La pièce doit beaucoup au milieu des clercs du Palais de Justice. Les termes juridiques, les allusions procédurales et même la scène du tribunal indiquent que c'est là qu'il faut chercher ses origines. Il est question également des « cornards » et de « cornardie »; ce sont des troupes de joueurs de sotties qui portaient des chapeaux à cornes. Le milieu semble nettement parisien : dans la scène 2, les systèmes monétaires ne se comprennent que si on fait des calculs en sous parisis (vers 279).

Plus convaincants encore sont les arguments basés sur la scène où Pathelin, jouant le malade, délire en plusieurs langues. La scène est la plus longue de la farce, elle est donc importante. Pathelin fait des discours en « limousin » (v. 834-841), en picard (848-855), en néerlandais (862-873), en normand (886-899), en breton (921-930), en lorrain (943-956) et enfin en latin (957-968). Seul le texte latin a une signification en rapport avec la situation dramatique. Selon Mᵐᵉ Rita Lejeune, ces longs discours en dialecte font appel à un public assez spécial (R. Lejeune, « Pour quel public la *Farce de Maistre Pierre Pathelin* a-t-elle été rédigée? » *Romania* LXXXII (1961), pp. 501-507). Ce public, suggère le critique belge, est composé de ceux qui comprenaient le « limousin », le picard, le néerlandais, le normand, le breton, etc. Or les étudiants de la Faculté des Arts de Paris se groupaient, selon leurs pays d'origine, en quatre « nations » : la nation française, la nation picarde (qui contenait les Picards et les Flamands), la nation normande et la nation anglaise ou allemande. Les dialectes qu'emprunte Pathelin se suivent dans cet ordre traditionnel : le limousinois, le picard et le flamand, le breton et le normand, le lorrain. Le latin était, bien sûr, la langue commune de tous les étudiants du Quartier latin.

Il est donc permis de suggérer que *Pathelin* fut écrit pour le milieu estudiantin de Paris, en particulier pour les clercs du Palais de Justice, et a des rapports intimes avec les Basochiens. Quant à la date de sa composition, les allusions à la grande froidure (v. 245) font penser à l'hiver de 1464, et la langue de *la Farce* ainsi que les allusions aux systèmes monétaires ne contredisent point cette date.

Mais est-ce vraiment une farce? On l'appelle toujours *la Farce de Maistre Pierre Pathelin*; il y a des raisons pour penser que *Maistre Pierre Pathelin* est la première comédie française. Une copie manuscrite du texte offre cette toute dernière réplique :

> « Prenez engré la commedye,
> Adieu toute la compagnie »
> Explicit.

C'est le Berger qui s'adresse ainsi aux spectateurs, et qui, dans ce manuscrit de la fin du XVe siècle, offre au public la première comédie en langue française [1].

6. Les caractères

Pathelin. — Au début de la pièce, nous voyons un Pathelin qui se compare au *maire* (v. 17); il parle de *la paroisse* (v. 53); il sait chanter devant le lutrin aussi bien que *nostre prestre* (v. 25). Bref, c'est un avocat de village, un avocat d'occasion. Et encore! Avocat *dessoubz l'orme* (v. 13), ou sans cause, il n'a pas droit au titre d'avocat, il est seulement « practicien » (v. 42). Il a étudié non le droit, mais le *grimaire* (v. 18). Il estime pouvoir convaincre les gens par sa langue : il berne en effet le drapier, mais il est trompé lui-même par le berger. Devant le juge, nous voyons Pathelin qui fait valoir son « advocacion ». Ce qu'on peut dire, c'est qu'il sait jouer un rôle : devant le drapier, quand il feint la maladie; dans la célèbre scène en « divers langages »; quand il donne des conseils au berger; quand il se cache la tête devant le magistrat, pour ne pas être reconnu, en prétextant un mal de dents. En toutes occasions, maître Pierre reste le type achevé du bon comédien-trompeur.

Le drapier. — Maître Guillaume Joceaulme : déjà le nom du personnage fait rire. Guillaume est un homme naïf, le type même de l'homme naïf. Ce n'est pas un personnage sympathique : il est avare (voir le vers 350), il est même assez cruel envers le berger. Dans ce portrait du drapier, faut-il voir une satire de la classe marchande? On se posera la question plus loin.

---

1. Voir M. Rousse, « Pathelin est notre première comédie », *dans Mélanges de langue et de littérature médiévales offerts à Pierre Le Gentil,* Paris, 1973, pp. 753-758.

Le berger. — Si Maître Guillaume Joceaulme représente le marchand cupide, on peut voir dans Thibault Aignelet le paysan rusé, qui ne craint personne sauf le sergent. Ce « pauvre » berger promet à Pathelin de le payer en bonne monnaie d'or. Il ne cache pas ses crimes à son avocat, mais il invite Pathelin à lui trouver un moyen d'échapper à la punition qu'il sait avoir méritée. Ce n'est pas un homme d'honneur : il trompe tous ceux qu'il rencontre, le drapier, le juge, et jusqu'à son défenseur.

Le juge. — Selon Gustave Cohen, le personnage « n'est qu'un comparse ». Est-ce vrai ? Lorsqu'on étudie de près la scène du procès, on voit un juge assez honnête, intelligent, et qui veut rendre la justice. Il écoute avec patience la longue explication du drapier. Il offre au berger un bon conseil (v. 1490-1492) :

> « ne retourne[...]
> La Court t'assoult. Entens-tu bien? »

Gustave Cohen insiste sur le fait que le juge représente le magistrat plus pressé d'aller à ses plaisirs et à ses affaires que de chercher la vérité et de prononcer un jugement clair. Cependant, ce magistrat « pressé » écoute de longues explications où il n'y a ni rime ni raison, il donne au drapier et au berger mainte occasion de tirer les choses au clair. Il ne comprend rien à l'affaire, mais ce n'est pas sa faute : Pathelin et le berger ont l'intention de le tromper, et le drapier est trop confus. Ce juge dirige un procès de « fous »; son seul vice est de vouloir aller dîner.

Guillemette. — La femme de Pathelin se montre en toute occasion fidèle à son mari. Elle se fait sa protectrice même ; elle permet pas au drapier d'obtenir son argent, elle se montre la femme redoutable qui défend sa maison contre tous les ennemis de la famille. Il est clair qu'elle aime loyalement son mari, bien qu'elle n'ait pas une très haute opinion de lui : malgré son éloquence, ils sont toujours pauvres. Elle craint la justice (v. 481), rappelle l'occasion où Pathelin a été mis au pilori. Ignorante, elle ne fait aucune distinction entre la grammaire et le *grimaire* (la magie). Pourtant, elle a une certaine culture populaire : en faisant allusion à la fable du corbeau et du renard, elle nous donne une version spirituelle de ce conte traditionnel (v. 438-459). Elle se montre rusée : pour chasser le drapier, qui ne cesse de demander son argent, elle suggère que les voisins disent qu'il ne vient pas pour ses « neuf francs » mais pour lui faire la cour, à elle ! Le drapier, jaloux de sa réputation, hésite et marmotte, disant qu'il est invité au dîner. Ainsi les ruses de Guillemette apportent un fort élément comique.

7. La mise en scène

Le théâtre du Moyen Age ne connaît ni rideau ni rampe. Les acteurs disposent, dans le cas de la farce, d'une simple estrade (peut-être montée sur un chariot). Au fond de cette estrade, quatre montants entre lesquels est un rideau qui s'ouvre face au public : cette cabane sommaire ou *scena* peut figurer, pour *la Farce de maistre Pathelin*, la boutique du drapier aussi bien que la chambre où l'avocat gît dans son lit, feignant d'être malade.

Dans le théâtre religieux, où le dispositif scénique est différent, on utilise le terrain disponible : une place publique, un glacis au pied d'un rempart, et l'on entoure l'aire de jeu ou « parc » de gradins en bois, en dégageant un espace où se tiennent les spectateurs du parterre. Le « parc » est donc investi d'échafaudages parmi lesquels dominent les « hourts » ou « hourdemens », c'est-à-dire des constructions qui deviennent des éléments du décor (palais, synagogue, et bien sûr, enfer et paradis, à droite et à gauche de l'aire de jeu). Derrière le « parc », au-dessus des « hourts », sont les places chères, pour un public qui voit les acteurs de dos, mais se donne lui-même en spectacle.

Les farces, elles, se jouent sans aucun décor. Quelques meubles suffisent pour fixer le cadre de l'action. Une table à tréteaux représente l'étal du drapier; un lit la maison de Pathelin. Le juge, assis sur sa chaise, crée l'illusion de la cour de justice.

Quant aux costumes, ce sont simplement ceux de la vie quotidienne au XVe siècle. Nous voyons Guillemette vêtue d'une longue robe qui cache à peine sa châtelaine, c'est-à-dire les clés de la maison. Pathelin porte une robe un peu plus courte. Le drapier, par sa robe, se distingue à peine de l'avocat. Le berger, lui, se reconnaît facilement grâce à la houlette qu'il porte à la main gauche, à sa « gonelle » ou robe courte, et à ses chausses de campagne. Le juge, lui aussi, porte le costume bourgeois parisien du XVe siècle.

Constatons-le : avec un très modeste décor simultané, des costumes peu remarquables, l'auteur n'a pas la moindre intention de faire appel à nos regards; sa pièce s'adresse à l'intelligence et à l'esprit du public.

8. La signification satirique

On l'a dit souvent : la farce de *Maître Pierre Pathelin* est « une satire ». Mais quel but vise l'auteur? Au long des siècles, la profession d'avocat a été la cible de choix de maints farceurs. Ici, nous voyons l'avocat Pathelin qui, grâce à son éloquence, trompe le marchand de drap devant son étal, à la maison et devant le tribunal. Mais, qu'il s'agisse de Pathelin trompeur ou de Pathelin flatteur, la satire n'atteint pas les avocats en général, car Pathelin n'est pas un véritable avocat. Sa femme le dit franchement : c'est un raté. Et, dans le passé, cet avocat « sous l'orme » a été condamné au pilori. Il représente non les avocats mais ceux qui prétendent pouvoir plaider.

Le juge, on l'a parfois dit, concentre sur lui la satire des procédés judiciaires et de la stupidité des magistrats. Mais, nous l'avons observé plus haut, il a ses qualités, humaines et professionnelles. Bien sûr, la scène du tribunal fait rire; cependant, est-ce de la magistrature que nous rions, ou du juge qui en a assez d'entendre des sornettes et voudrait aller dîner?

L'auteur de la farce vise peut-être les marchands. N'oublions pas cependant que, si le drapier trompe Pathelin en lui « vendant » le drap à un prix excessif, c'est Pathelin qui a dupé le drapier. Et si le drapier est un trompeur, son berger aussi en est un : il abat les bêtes de son maître, il fraude son avocat, il fourvoie le juge. Ne dirait-on pas que tous les personnages sont fourbes? Guillemette, elle aussi, puisqu'elle se fait la complice de Pathelin. En fait, un seul personnage ne trompe personne : le juge.

On voit finalement qu'en tout cela il ne s'agit pas de satire particulière; ni des institutions juridiques, ni des coutumes du marché. Nous sommes en présence de quelque chose de moins éphémère : une satire de la vie quotidienne au xve siècle et, plus généralement, de la condition humaine. Notre auteur nous fait rire en attaquant les dupes, les astucieux, les trompeurs, les avaricieux, les aventuriers. Les hommes que nous observons, peints de façon si vraie, nous ressemblent. Nous avons tous rencontré des Pathelin, des Guillemette et des Guillaume Joceaulme, sans oublier les Thibault Aignelet. La satire vise tous les hommes qui veulent faire fortune sans travailler, et elle reste aussi fraîche aujourd'hui qu'elle l'était il y a cinq siècles parce que les personnages sont des individus plutôt que des types.

9. La postérité littéraire de « Pathelin »

Dès son apparition, pendant le troisième quart du xve siècle, la farce de *Pathelin* a joui d'une popularité considérable. C'est l'un des premiers chefs-d'œuvre de la littérature française dont le premier texte connu soit un incunable, un précieux livre imprimé : l'édition publiée par Guillaume le Roy vers 1486. Trois années plus tard, l'imprimeur parisien Levet publia l'édition qui sert de base au texte que nous publions aujourd'hui : elle sortit des presses en 1489, quelques semaines après l'édition des poèmes de Villon, due également à Levet. Ce libraire eut l'heureuse idée, pour illustrer l'ouvrage, de faire exécuter une suite de gravures sur bois qui représentent, de façon vigoureuse et spirituelle, les principales scènes de la farce. La popularité extraordinaire de *Pathelin* est prouvée par le fait que, l'année suivante, « le xxe jour de décembre », un troisième éditeur, Germain Beneaut, en fit paraître une nouvelle édition, copiée sur celle de Levet : la pagination des deux éditions est la même, et les planches se situent aux mêmes endroits dans le texte. La preuve que Beneaut est le copiste dérive du fait qu'il a omis le vers 179 du texte. Peu après, un autre éditeur, Pierre Le Caron, réédita

Pathelin. Sa veuve, « la Carronne » ou Marion de Malaunoy, en donna une nouvelle édition vers la fin de 1499. On citerait aussi l'édition de Trepperel, publiée avant 1499 : voir p. 19.

Comme presque tous les manuscrits d'auteurs médiévaux, le manuscrit de l'auteur est perdu. Les seuls manuscrits que nous possédions ont été copiés sur les textes imprimés. On le voit, la farce de *Pathelin* a été largement répandue, par les copistes comme par les imprimeurs qui, avant 1500, ont publié au moins six éditions. Le chiffre de tirage d'un incunable ne nous est pas connu de façon précise, mais si un imprimeur du xve siècle avait tiré 300 exemplaires il aurait eu des chances de récupérer le prix de revient. C'est dire qu'au moins 1 800 exemplaires imprimés de *Pathelin* ont été entre les mains du public avant la fin du siècle. Chacune des éditions connues n'est représentée aujourd'hui que par un exemplaire unique. Combien d'éditions ont disparu totalement? Nous ne le saurons jamais.

La popularité du texte continua pendant le xvie siècle. Notons sept éditions en caractères gothiques : Herouf, entre 1502 et 1528; Trepperel, entre 1499 et 1502; éditeur inconnu vers 1505; deux éditions anonymes vers 1512 [?]; Jehan Jehannot, sans date; Jean Bonfons, entre 1547 et 1568. Ajoutons les éditions en lettres rondes de Galiot du Pré (1532), qui seront souvent reprises pendant le xvie siècle. Au début du siècle classique, Pierre Ménier publia à Paris une édition qui porte la date de 1614.

La farce eut des « suites » :

Le Nouveau Pathelin à trois personnaiges, c'est assavoir Pathelin, Le Pelletier et le Presbtre;
Pathelin à quatre personnaiges c'est assavoir Pathelin, Guillemette, l'Apoticaire et Messire Jehan le Curé.

Au début du xvie siècle, le *Pathelin* se déguisa en langue latine : *Veterator*, une comédie jouée par les étudiants de Paris vers 1512. En 1706 la farce de *Pathelin* fut remaniée pour former la base d'une comédie par Brueys et Palaprat.

L'adjectif *patelin* et le verbe *pateliner* entrent dans la langue française; la réplique *revenons à ces moutons* devient proverbe. Ainsi la vieille farce est un des rares textes du Moyen Age appréciés par les auteurs et les critiques des siècles classiques. Au xixe siècle apparaissent les éditions « critiques ». Enfin, au xxe siècle, non seulement en France, mais un peu partout dans le monde et jusqu'en Afrique, la pièce se trouve de nouveau jouée devant un public qui apprécie l'humour, le rire et, avant tout, la peinture si vraie de la faiblesse humaine qu'exécutat, il y a cinq cents ans, un auteur de génie dont nous ne savons même pas le nom.

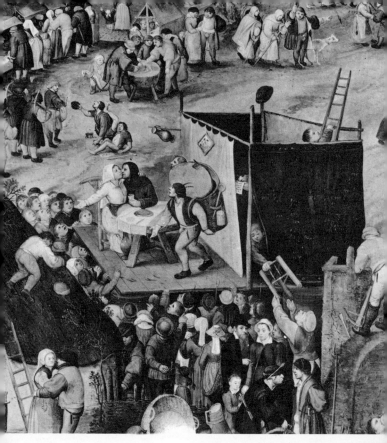

Peinture de P. Balten (artiste flamand du XVIᵉ s.)
représentant une kermesse (fragment)

Sur l'estrade, ou *scena,* des bateleurs jouent la farce du *Porteur d'eau.*
La femme festoie avec un moine. Un porteur d'eau l'a dénoncée
au mari. Celui-ci, caché dans le récipient, assiste à la scène.

TABLEAU CHRONOLOGIQUE

Événements historiques	Événements culturels
	1442 La Confrérie de la Passion invite les Basochiens à jouer des intermèdes comiques.
	vers 1450 Le *Mystère de la Passion* d'Arnould Gréban.
1453 Fin de la Guerre de Cent Ans.	
	vers 1454 Exécution du premier livre imprimé à Mayence.
	1456 Premier poème daté de Villon.
	1460 Fondation de l'Université de Nantes.
1461 Mort de Charles VII. Son fils, Louis XI, monte sur le trône.	
1462 Création du Parlement de Bordeaux.	
	1463 Le *Testament* de Villon.
1464 Louis XI s'occupe du gouvernement de la Normandie.	**1464** Fondation de l'Université de Bourges.
1465 Fondation de la Ligue du Bien public contre le roi Louis XI.	**vers 1465** *Maistre Pierre Pathelin.*
	1466 Naissance d'Érasme.
1468 La Normandie est annexée à la couronne de France.	
	1469 Les premières presses d'imprimerie sont installées à la Sorbonne.
1474 Christophe Colomb à Madère.	

1477	Mort de Charles le Téméraire. Louis XI s'empare de la Bourgogne.	1477	Le premier livre en langue française est publié à Paris : c'est le *Plaidoyé d'entre la simple et la rusée,* par Guillaume Coquillart.
		1478	Le premier livre français illustré est imprimé : c'est le *Speculum humanae salvationis.*
1483	Mort de Louis XI ; Charles VIII monte sur le trône.		
1485	Henry Tudor monte sur le trône d'Angleterre		
		1486	La *Passion* de Jean Michel.
		vers 1486	*Pathelin* publié à Paris par Guillaume Le Roy.
		1488	*Lancelot du lac* publié à Paris et à Rouen.
		1489	Édition de *Maistre Pierre Pathelin* publiée à Paris par Pierre Levet, qui fait paraître en même temps le *Testament de Villon.*
1499	La construction du Palais de Justice de Rouen est commencée.	1489-1499	Plusieurs réimpressions de la farce de *Maistre Pierre Pathelin.*

LE DRAPPIER. — *Que voulés-vous? Il faut songner,*
Qui veult vivre, et sonstenir paine.

(scène 2, v. 188-189)

Jacques Morineau (PATHELIN) et Jean Térensier
(GUILLAUME) dans une mise en scène
de Christian Grau-Stef
Théâtre Montparnasse, 1978

PATHELIN. — *Guillemette! Ung peu d'eau rose!*
Haussés-moy! Serrés-moy derrière!

(scène 5, v. 606-607)

Jacques Morineau (PATHELIN), Anne Marbeau (GUILLEMETTE) et
Jean Térensier (GUILLAUME) dans une mise en scène de Christian Grau-Stef.
Théâtre Montparnasse, 1978

Ph. © *Agence Bernand - Connaissance des Classiques*

BIBLIOGRAPHIE

La bibliographie de *Pathelin* est immense. On consultera le *Manuel bibliographique de la littérature française du Moyen Âge* publié par Robert Bossuat en 1951 (suppléments 1955 et 1961). Plus récente et plus spécialisée est la *Bibliographie du théâtre profane français des XVe et XVIe siècles* dressé par Halina Lewicka et publiée par le Centre national de la recherche scientifique, Paris, 1972.

On trouvera la description détaillée des éditions de *Pathelin* publiées depuis l'origine de l'imprimerie jusque vers 1575, en tête de la reproduction photomécanique de l'édition imprimée vers 1500, publiée par Émile Picot sous les auspices de la *Société des Anciens Textes Français*.

Voici la liste sommaire de ces éditions :
Maistre Pierre Pathelin, imprimé à Lyon par Guillaume Le Roy vers 1485.
Maistre Pierre Pathelin, imprimé à Paris par Pierre Levet, après le 20 octobre et avant le 20 décembre 1490.
Pathelin le Grant et le Petit, imprimé à Paris le 20 décembre 1490 par Germain Beneaut.
Maistre Pierre Pathelin, imprimé vers 1495 à Paris par Jehan Trepperel.
La Farce de Maistre Pierre Pathelin, Paris, Pierre Le Caron (vers 1498).
La Farce de Maistre Pierre Patelin, Hystorié, Paris, Marion de Malaunoy, veuve de Pierre Le Caron (vers 1500).
Maistre Pierre Pathelin et son jargon, Paris, Jehan Trepperel (1500 ou 1501).
Maistre Pierre Pathelin et son jargon, Paris, Jehan Herulf (vers 1505).
Maistre Pierre Pathelin, Paris, Jehan Trepperel (vers 1505); voir le catalogue 229, *Livres anciens, théâtre*, Librairie Paul Jammes, Paris 1977.
Maistre Pierre Pathelin, Paris (vers 1505). Dans cette édition le *Pathelin* est accompagné du *Testament Pathelin à quatre personnages* par Guillaume Nyverd.

Maistre Pierre Pathelin, Paris (vers 1515). Cette édition ajoute *le Nouveau Pathelin à troys personnaiges* et *le Testament Pathelin à quatre personnages*. Le nom de l'imprimeur reste inconnu; on a suggéré Guillaume Nyverd.

Maistre Pierre Pathelin, Paris (vers 1515).

A cette liste ajoutons les deux exemplaires du British Museum, témoins de deux autres éditions parisiennes : celle de Galliot du Pré, Paris 1532, et celle de Jean Bonfons, Paris (entre 1547 et 1565).

Dans son *Manuel du libraire*, J.-C. Brunet donne une liste de 29 éditions publiées à Paris, à Rouen et à Lyon avant la première édition critique publiée à Paris par F. Génin en 1854.

Les éditions anciennes, ainsi que les manuscrits, ont été l'objet d'études détaillées publiées par R. Th. Holbrook, *Étude sur Pathelin*, Princeton University Press, 1917.

On a publié en fac-similé quelques-unes des vieilles éditions, notamment l'édition Marion de Malaunoy (vers 1500), *Société des Anciens Textes*, Paris, 1904.

L'édition Guillaume Le Roy (vers 1485), *Société des Textes français modernes*, Paris, 1907.

L'édition Pierre Levet, *Textes littéraires français*, Genève et Lille, 1953.

La principale édition critique moderne est celle de R. Th. Holbrook, Classiques français du Moyen Âge (deuxième édition, revue et corrigée, Paris, Champion, 1937, souvent réimprimée).

Parmi d'autres éditions scolaires citons :

Four Farces édited by Barbara Bowen, Oxford (Blackwells French Texts, 1967), où *Pathelin* est accompagné de : *l'Obstination des femmes; la Farce du cuvier;* et *le Pasté et la Tarte.*

La *Farce de Maistre Pathelin* dans les nouveaux classiques Larousse où le texte est accompagné d'une traduction en prose française.

Albert Pauphilet, dans *Jeux et Sapience du Moyen Âge* (Pléiade, 1941), donne le texte de Guillaume Le Roy.

Les adaptations modernes ne manquent pas. Une traduction en français moderne, à laquelle est ajoutée une bibliographie utile, a été publiée par le savant belge Omer Jodogne à Gand (Stori-Scientia, 1975), et l'éditeur américain R. Th. Holbrook a fait paraître en 1914 à Boston, U.S.A., son *Master Pierre Pathelin, a Farce in three acts.* N'oublions pas non plus l'adaptation en français moderne publiée tout récemment par C. Grau-Stef et J. Térensier dans les *Classiques Junior*, Bordas, 1978.

L'idée de rédiger soit des traductions, soit des continuations de la célèbre farce remonte loin; citons, outre les continuations déjà notées dans la liste des anciennes éditions : *Comaedia nova quae Veterator inscribitur, alias Pathelinus, ex peculiari lingua in romanum traducta eloquium* (per Alex. Connibertum), publiée à Paris en 1512, réimprimée en 1543 et dont Johannes Bolte donna une édition moderne à Berlin en 1900. Tout récemment J.-C. Aubailly a publié *la Farce de Pathelin et ses continuateurs* (édition, traduction, notes), Paris, SEDES, 1979.

Sur la langue, il est utile de consulter G. Raynaud de Lage, *Introduction à l'ancien français*, Paris, SEDES, 1958 (un bon manuel qui continue à se faire réimprimer, et qui offre une initiation à la vieille langue). Pour les problèmes que soulève *Pathelin*, et la scène 5 en particulier, l'ouvrage de L. Chevaldin, *les Jargons de la farce de Pathelin*, Paris, 1903, reste un guide sûr.

D'un intérêt stylistico-linguistique d'ordre plus général sont : Pierre Garapon, *la Fantaisie verbale et le Comique dans le théâtre français, du Moyen Âge à la fin du XVIIe siècle*, Paris, 1957.
H. Lewicka, *la Langue et le Style du théâtre comique français des XVe et XVIe siècles*, Varsovie, 1960.
L. C. Porter, *la Fatrasie et le Fatras*, Genève et Paris, 1960.

L'auteur de la *Farce de Pathelin* n'est pas connu. On a cherché à dévoiler le mystère, mais sans succès :
L. Cons, *l'Auteur de la Farce de Pathelin*, Paris, Les Presses Universitaires, 1926.
R. T. Holbrook, *Guillaume Alecis et Pathelin*, University of California Publications in Modern Philology, 1928, pp. 285-412.
R. T. Holbrook, « La paternité de *Pathelin*. Critiques et réponses», *Romania*, LVIII, 1932, pp. 574-591.
M. Roques, « D'une application du calcul des probabilités à un problème d'histoire littéraire », *Romania*, LVIII, 1932, pp. 88-99.
G. Bonno, « Réflexions sur les concordances numériques entre *Pathelin* et *les Faintes du monde* », *Romanic Review*, XXIV, 1933, pp. 30-36.

Le nom de *Pathelin* a suscité des études intéressantes, en particulier :
Grace Frank, « Pathelin », *Modern Language Notes*, LVI, 1941, pp. 42-47.
W. H. W. Field, « The Picard origin of the name Pathelin », *Modern Philology*, LXV, 1967, pp. 362-365.

Faute de pouvoir déceler l'identité de l'auteur on a cherché à savoir pour quel public la pièce a été écrite :
E. Cazalas, « Où et quand se passe l'action de *Maistre Pierre Pathelin?* » Suivi d'une note de A. Dieudonné, *Romania*, LVII, 1931, pp. 573-577.

Louis Dauce, « *l'Avocat vu par les littérateurs français* ». Thèse, Rennes, Impr. Oberthur, 1947.

Howard G. Harvey, « The Judge and the Lawyer in the *Pathelin* », *Romanic Review*, XXXI, 1940, pp. 313-333.

Rita Lejeune, « Pour quel public la farce de Pathelin a-t-elle été rédigée? », *Romania*, LXXXII (1961), pp. 482-521.

Rita Lejeune, « Le Vocabulaire juridique de *Pathelin* et la personnalité de l'auteur » in *Mélanges R. Guiette*, pp. 185-194.

P. Lemercier, « Les éléments juridiques de *Pathelin* et la localisation de l'œuvre », *Romania*, LXXIII, 1952, pp. 200-226.

Halina Lewicka, « Pour la localisation de la farce de *Pathelin* », *Bibliothèque d'Humanisme et Renaissance*, XXIV, 1962, pp. 273-281.

Autres études littéraires :

J. L. Altamira, « La Vision de la Mort dans *Maître Pathelin* », *Dissonances, Le Corps farcesque*, n° 1, avril 1977, pp. 119-131.

Michel Erre, « Langage(s) et Pouvoir(s) dans la Farce de *Maître Pathelin* », *Dissonances, Le Corps farcesque*, n° 1, avril 1977, pp. 90-118.

Jean Frappier, « La Farce de Maistre Pierre Pathelin et son originalité », *Mélanges de littérature comparée et de philologie offerts à Mieczyslaw Brammer*, Varsovie, 1968, pp. 207-217.

Omer Jodogne, « Notes sur *Pathelin* », *Festschrift Walter von Wartburg*, 1968, tome I, pp. 431-441.

Omer Jodogne, « Rabelais et Pathelin », dans *Lettres romanes*, IV, 1955, pp. 3-14.

M. Roques, *Références aux plus récents commentaires* de « Maistre Pierre Pathelin », Paris, CDU, 1942.

M. Rousse, « Le Rythme d'un spectacle médiéval, *Maître Pierre Pathelin* et la Farce », *Missions et Démarches de la critique, Mélanges offerts au Prof. J. A. Vier*, Paris, Klincksieck, 1973, pp. 575-581.

Sur la mise en scène de *Pathelin* on consultera :

J. Cl. Marcus, *Adaptations et mises en scène contemporaines de la farce de* « Maître Pathelin », *avec le texte de la farce* (Maîtrise d'enseignement, 2 vol. en dépôt à l'Institut d'études théâtrales, Université de Paris III).

Sur quelques aspects de l'iconographie des anciens textes, voir :

E. Droz, « l'Illustration des premières éditions de *la Farce de Pathelin* », *Humanisme et Renaissance*, tome I, 1934, pp. 145-150.

Aucune bibliographie moderne ne doit laisser de côté des études vieillies mais classiques parmi lesquelles :

Étienne Pasquier, *Recherches de la France*, Livre VIII, chap. 59, Paris, 1607.

L'article que rédigea le comte de Tressan pour l'*Encylopédie* de Diderot, tome XI, sous le titre *Parade*.

E. Renan, *Essais de morale et de critique* (étude écrite après la publication de *Pathelin* par M. Génin en 1854).

É. Littré, « Le *Pathelin*, recherches nouvelles sur la comédie », *Revue des Deux Mondes*, juillet 1855, pp. 345-374.

Parmi les ouvrages consacrés au théâtre comique du Moyen Âge, retenons quelques titres :

Gustave Cohen, *le Théâtre en France au Moyen Âge*, Deuxième partie, *le Théâtre profane*, Paris, 1948.

Gustave Cohen, *Études d'histoire du théâtre au Moyen Âge*, Paris, 1956.

Jean Frappier, *le Théâtre profane en France*, Paris, CDU, 1961.

Félix Gaiffe, «l'Évolution du comique sur la scène française : le Moyen Âge », *Revue des cours et conférences*, 15-30 janvier 1931.

A. Tissier, *la Farce en France de 1450 à 1550*, 2 vol., Paris, CDU et SEDES, 1976.

Ajoutons enfin trois livres en langue anglaise, d'une valeur considérable pour l'étude du théâtre profane en France au Moyen Âge et pour l'étude de *Pathelin* en particulier :

J. M. Davis, *the Critical Idiom, Farce*, Londres, Methuen, 1978.

Grace Frank, *the Medieval French Drama*, Oxford, 1934.

M. G. Harvey, *the Theatre of the Basoche*, Cambridge, Massachusetts, 1941.

PERSONNAGES

MAISTRE[1] PIERRE PATHELIN, avocat.

GUILLEMETTE, sa femme.

GUILLAUME JOCEAULME, le drappier[1].

THIBAUT AIGNELET, le bergier[1].

LE JUGE.

---

1. C'est ici l'orthographe ancienne. Pour les jeux de scène que nous avons ajoutés au texte de la farce, c'est l'orthographe moderne qui sera observée.

MAISTRE PIERRE PATHELIN

Scène première. — PATHELIN, GUILLEMETTE
Chez Pathelin.

MAISTRE PIERRE *commence*

Saincte Marie, Guillemette,
Pour quelque paine que je mette
A cabasser* n'à* ramasser   chaparder; ou à
Nous ne pouvons rien amasser.
5 Or viz¹ je que j'avocassoye*.   que je plaidais

GUILLEMETTE

Par Nostre Dame, je y pensoye,
Dont on chante, en advocassaige*;   métier d'avocat
Mais on ne vous tient pas si saige
Des quatre pars* comme on souloit.   des quatre cinquièmes
10 Je vis que* chascun vous vouloit   j'ai vu le temps où
Avoir, pour gangner sa querelle.
Maintenant chascun vous appelle
Par tout <u>advocat dessoubz l'orme</u>*.   avocat sans cause²

PATHELIN

Encor ne le dis-je pas pour me   *good opinion of himself*
15 Vanter, mais n'a, au territoire*   dans la région
Où nous tenons nostre auditoire*,   notre audience
Homme plus saige fort le* maire.   à l'exception du

GUILLEMETTE

Aussi a-il leu le grimaire*   lu la grammaire³
Et aprins à clerc longue pièce*.   étudié longtemps

PATHELIN

20 A qui veez*-vous que ne despesche*   voyez; je n'expédie
Sa cause, se je m'y veuil mettre,

---

1. Mais je ne vois plus. — 2. Qui n'a pas de clients; s'oppose au vers 5 : *j'avocassoye,* c'est-à-dire j'avais des clients. On rendait souvent la justice sous un grand arbre (Saint Louis rendait la justice sous un chêne à Vincennes). Près de l'arbre, les avocats attendaient leurs clients. — 3. Guillemette confond la *grammaire,* discipline fondamentale de l'enseignement médiéval et le *grimoire,* ou livre de nécromancie.

Et si n'aprins oncques* à lettre   jamais
Que ung peu. Mais je me ose vanter
Que je sçay aussi bien chanter
25 Ou livre* avec nostre prestre   au lutrin
Que se j'eusses esté à maistre*   chez un maître
Autant que Charles en Espaigne[1].

GUILLEMETTE

She doesn't have same opinion

La Chanson de Roland - 7 yrs.

Que nous vault cecy? Pas empaigne*,   rien du tout
Nous mourrons de fine famine!
30 Nos robbes sont plus qu'estamine*,   étamine
Reses*, et ne povons sçavoir   râpées
Comment nous en peussons avoir.
Et! que nous vault vostre science*?   savoir

PATHELIN

more down to earth.

Taisés-vous! Par ma conscience,
35 Se je vueil mon sens esprouver*   exercer mon esprit
Je sçauray bien où en trouver
Des robbes et des chapperons[2]!
Se Dieu plaist, nous eschaperons,
Et serons remis sus* en l'eure*.   remis à pied; tout à l'heure
40 Dea*! En peu d'eure Dieu labeure[3].   Diable!
S'il convient que je m'aplique
A bouter avant ma practique[4]
On ne sçaura trouver mon per*!   mon égal

GUILLEMETTE

Par Sainct Jaques, non de tromper
45 Vous en estes ung fin droit* maistre.   parfait

PATHELIN

Par celuy Dieu qui me fist naistre
Mais de droicte advocasserie[5].

GUILLEMETTE

Par ma foy, mais de tromperie!
Combien vraiment je m'en advise[6]

---

1. C'est-à-dire pendant sept ans. Voir *la Chanson de Roland*, vers 1 - 2 :
     « Carles li reis, nostre emperere magnes,
        Set anz tuz pleins ad estet en Espaigne. »
Pathelin a une haute opinion de sa valeur, que ne partage point sa femme; elle ne cesse de demander de l'argent. — 2. Le *chapperon* était la coiffe de toutes les classes. Pathelin porte son chapperon arrangé selon la mode du XVe siècle : voir la planche II, p. 30. — 3. Dieu travaille rapidement. — 4. Faire marcher mes affaires. — 5. Véritable profession d'avocat. — 6. Comme je m'en rends compte.

50 Quant à vray dire sans clergise*   instruction
   Et sans sens naturel, vous estes
   Tenu l'une des saiges testes
   Qui soit en toute la paroisse!

PATHELIN

   Il n'y a nul qui se congnoise*   connaisse
55 Si hault en avocation [1]!

GUILLEMETTE

   M'aist Dieu!* Mais en trompation*   Si Dieu m'aide; tromperie
   Au mains* en avés-vous le los*.   moins; la réputation

PATHELIN

   Si ont ceulx qui de camelos*   étoffe de poil de chèvre
   Sont vestus et de camocas [2]
60 Qui dient qu'i' sont* avocas,   qu'ils sont
   Mais pourtant ne le sont ilz mye*.   pas
   Laissons en paix ceste baverie*.   ce bavardage
   Je vueil aler à la foire [3].

GUILLEMETTE

   A la foire?

PATHELIN

        Par Saint Jehan, voira,
            (Il fredonne.)
65 « A la foire, gentil marchande... »
            (Il parle.)
   Vous desplaist-il se je marchande*   j'achète
   Du drap, ou quelque aultre suffrage*   petite chose
   Qui soit bon pour nostre mesnage?
   Nous n'avons robbe qui rien vaille*.   qui ait quelque valeur

GUILLEMETTE

70 Vous n'avés ne denier ne maille*.   vous n'avez pas le sou
   Qu'i' ferés-vous[4]?

---

1. Guillemette et Pathelin soulignent que Pathelin a reçu une véritable formation. —
2. Les vêtements des ducs et des évêques étaient faits de *camocas* (luxueuse étoffe de soie). — 3. La présentation des personnages est complète et l'action va commencer. —
4. Guillemette ne comprend pas l'intention de Pathelin.

PATHELIN

Vous ne sçavés
Belle dame. Se* vous n'avés   Si
Du drap pour nous deux largement,
Si me desmentés [1] hardiement.
[75] Quel couleur vous semble plus belle?
D'ung gris vert [2], d'ung drap de
                  [brunette*,   fine étoffe noire
Ou d'aultre, il le me fault sçavoir.

GUILLEMETTE

Tel que vous le pourés avoir.
Qui emprunte ne choisist mie [3].

PATHELIN, *en contant sur ses dois* [4].

[80] Pour vous, deux aulnes [5] et demie,
Et moy, trois... voire bien quattre.
Ce sont : [ne sont mie...]

GUILLEMETTE

Vous comptés sans rabatre*.   avec largesse
Qui deable les vous prestera?

PATHELIN

Que vous en chault* qui se fera?   que vous importe
[85] On les me prestera vrayement
A rendre au jour du jugement
Car plus tost ne sera-ce point [6]!

GUILLEMETTE

Avant, mon amy, en ce point
Qui que soit en sera couvert [7].

PATHELIN, *à part.*

[90] J'acheteray ou gris ou vert [8]...
Et pour ung blanchet [9], Guillemette,
Me fault trois quartiers de brunette*,   fine étoffe noire
Ou une aulne...

---

1. Calembour : desmenter (ôter le manteau) et démentir. — 2. Pathelin fait allusion à des étoffes de couleur verte ou grise ainsi qu'à des fourrures (le *vair* et le petit *gris*) que portaient les grands seigneurs et les riches bourgeois. — 3. Expression proverbiale. — 4. C'est le seul ancien jeu de scène du *Pathelin*. — 5. L'*aune* était une mesure de quatre pieds de longueur (1 mètre 219 mm.). — 6. Pathelin ne rendra donc jamais ce qu'il empruntera. — 7. Couvert (du manteau) et trompé. Expression équivoque. — 8. Voir la note 2. — 9. Noter le calembour : des couleurs *(gris, vert)* et des étoffes (un *blanchet* est une couverture et une pièce d'argent de faible valeur).

GUILLEMETTE, *d'un ton ironique.*

Se m'aïst Dieu*, voire,   Si Dieu m'aide
Alés, n'ombliés* pas à boire,   oubliez
⁹⁵ Se vous trouvés Martin Garant¹...

PATHELIN (*Il part.*)

Gardés tout.

GUILLEMETTE, *seule.*

Hé, Dieu, quel marchant*!   fourbe
Pleust or à Dieu qu'il n'y vist goute².

(Pathelin traverse la scène pour arriver devant l'étal du drapier.)

---

1. Personnage légendaire qui paie à boire à tout venant. — 2. Qu'il n'y voie goutte. Guillemette ne partage pas l'assurance de son mari.

■■■■■■■■■■■■■■■■◆■■■■■■■■■■◆■■■■■■■■■■■■■■■■■■■■■■■■■■■■■■■

SCÈNE PREMIÈRE

● **Le décor**

Dans les textes imprimés, l'auteur ne donne aucune indication sur le décor. Si l'on examine la gravure de la page 30 — nous reproduisons ici les bois de l'édition Levet —, on voit que cette conversation entre Pathelin et sa femme se déroule à l'intérieur d'une maison. Peut-être s'agit-il de l'intérieur du Palais de Justice où les Enfants sans Souci jouaient leurs farces. Tout cela est bien loin des riches décors simultanés devant lesquels on jouait les pièces religieuses.

● **L'action**

Dès les premiers vers, Pathelin révèle son éloquence et son désir de gagner sa vie par n'importe quel moyen.

● **Les caractères**

L'attitude réaliste de Guillemette envers son mari nous saisit dès l'abord. Pathelin nous montre qu'il a une excellente opinion de lui-même.
① Étudiez le caractère de Pathelin en vous aidant de ce que dit Guillemette. Vous paraît-il un vrai « personnage » ?
② Quels traits du caractère de Guillemette découvrez-vous dans cette scène ?
③ Pathelin a-t-il déjà formé le projet précis de tromper un marchand ?
④ Métrique : scandez les vers 34-35 et relevez-en le rythme.
⑤ Faites le bilan de ce que cette première scène vous a appris :
— sur les personnages de Guillemette et de Pathelin;
— sur la profession de l'avocat;
— sur la Parisienne au xvᵉ siècle;
— sur le costume bourgeois du xvᵉ siècle.
⑥ Étudiez la structure de la scène et indiquez comment l'auteur en a fait une scène d'exposition.

■■

Maiſtre pierre commence

Saincte marie, guillemette
Pour quelque paine que ie mette
Acabaſſer na ramaſſer
nous ne pouons rien amaſſer
or biz ie que iauocaſſoye

Planche II de l'édition Levet

PATHELIN (en contant sur ses dois)
  — *Pour vous, deux aulnes et demie*
                                    (v. 80)

Scène II. — PATHELIN, LE DRAPPIER
Devant l'étal du drapier.

PATHELIN, *à part.*

N'est-ce pas y* là ? J'en fais doubte...
Et si est, par Saincte Marie,
100 Il se mesle* de drapperie.

(Au drapier.)

Dieu y soit !*

GUILLAUME JOCEAULME, drappier

Et Dieu vous doint* joye !

PATHELIN

Or ainsi m'aist Dieu*. Que j'avoye*
De vous veoir grant volenté !
Comment se porte la santé ?
105 Estes-vous sain et dru*, Guillaume ?

LE DRAPPIER

Ouy, par Dieu !

PATHELIN *(Il lui serre la main.)*

Sà, ceste paulme*.
Comment vous va ?

LE DRAPPIER

Et bien, vraiement,
A vostre bon commandement.
Et vous ?

PATHELIN

Par Sainct Pierre l'apostre,
110 Comme celuy qui est tout vostre.
Ainsi vous esbatés*...?

LE DRAPPIER

Et voyre.
Mais marchans, se devés-vous croire*,
Ne sont pas tousjours à leur guise.

[Right margin glosses:]

y → lui

se mesle → s'occupe

Dieu y soit → soit avec vous

Dieu vous doint → donne (subjonctif)

m'aist Dieu ; j'avoye → Dieu m'aide ; j'avais

sain et dru → prospère

ceste paulme → Donnez-moi la main

esbatés → vous prospérez

se devés-vous croire → vous devriez le croire

31

PATHELIN

Comment se porte marchandise?
115 S'en peult-on ne seigner ne paistre¹?

LE DRAPPIER

Et se m'aist Dieu*, mon doulx maistre,   si Dieu m'aide
Je ne sçay; tousjours « hay, avant!* »   hue! en avant!

PATHELIN

Ha! qu'estoit ung homme sçavant
— Je requier Dieu qu'il en ait l'âme —
120 De vostre père! Doulce Dame²!
Il m'est advis tout clerement
Que c'est-il de vous, proprement,
Qu'estoit-ce ung bon marchant et sage!

(Il dévisage le drapier.)

Vous luy resemblés de visage!
125 Par Dieu, comme droitte painture*!   comme un portrait
Se Dieu eust oncq* de créature...   jamais
Mercy Dieu, vray pardon luy face
A l'âme...

LE DRAPPIER

Amen, par sa grace,
Et de nous, quant il Luy plaira*.   et que Dieu nous pardonne

PATHELIN

130 Par ma foy, il me desclera*   prédit
Mainte fois, et bien largement,
Le temps qu'on voit presentement*;   actuellement
Moult de fois m'en est souvenu*,   je m'en souviens souvent
Et puis lors* il estoit tenu*   alors; considéré
135 Ung des bons.

LE DRAPPIER, *l'interrompant.*

Séez* vous, beau sire,   asseyez
Il est bien temps de le vous dire,
Mais je suis ainsi* gracieux.   de cette façon

---

1. C'est-à-dire se soigner, subsister (*paistre* = se nourrir). L'expression « se signer » (faire le signe de la croix) vient à l'esprit. Certaines pièces de monnaie portaient une croix : voir la note du vers 226. — 2. En flattant le père du drapier, Pathelin flatte le drapier lui-même.

PATHELIN, *qui reste debout.*

Je suis bien, par le Corps Precieux
Il avoit...

LE DRAPPIER *(Il insiste.)*

Vrayement, vous serrés*.   assiérez

PATHELIN

40 Voulentiers. *(Il s'assied[1].)* « Ha ! que vous
                                    [verrés »,
Qu'il me dist, « de grans merveilles ! »

(Il dévisage le drapier de nouveau.)

Ainsi m'aist Dieu, que des oreilles,
Du nez, de la bouche, des yeulx,
Oncq* enfant ne resembla mieulx   Jamais
45 A père. Que* menton forché*,   Quel ; fourchu
Vrayement, c'estes vous tout poché*!   esquissé
Et qui diroit* à vostre mère   si quelqu'un disait
Que ne feussiés filz vostre père,
Il auroit grant fain de tancer*!   envie de disputer

(A part.)

50 Sans faulte, je ne puis penser
Comment Nature en ses ouvrages
Forma deux si pareilz visaiges,
Et l'ung comme l'autre tachié*.   marqué
Car quoy ! Qui vous auroit crachié [2]
55 Tous deux encontre la paroy,
D'une manière et d'ung arroy *,   exactement de la même
Si seriés-vous sans difference... [3]   façon

(Au drapier.)

Or sire, la bonne Laurence,
Vostre belle ante, mourut-elle*?   tante, est-elle morte ?

LE DRAPPIER

60 Nenny, dea*.   Non, diable

PATHELIN, *à part.*

Que la vis-je belle
Et grande et droite et gracieuse...

---

1. Observer le comique de l'action et des mots : le drapier invite Pathelin à s'asseoir,
mais celui-ci continue à parler, et tout en s'asseyant il énumère les traits par lesquels le
drapier ressemble à son père. — 2. Peint. Voir le vers 427. — 3. L'éloquence de Pathelin
crée une atmosphère favorable à sa tentative de persuasion.

(Au drapier.)

Par la Mère Dieu précieuse,
Vous luy resemblés de corsaige*   taille
Comme qui vous eust fait de naige*!   un bonhomme de neige
165 En ce païs n'a, se* me semble,   ce
Lignage qui mieulx se resemble.

(Il regarde le drapier plus fixement.)

Tant plus vous voy, Dieu, par le père,
Veez vous là*, veez vostre père.   on vous voit [1]
Vous luy resemblés mieux que goute
170 D'eaue, je n'en fais nulle doubte.
Quel vaillant bachelier* c'estoit,   homme noble
Le bon preudomme, et si prestoit
Ses denrées* à qui les vouloit [2].   marchandises
Dieu luy pardoint*, il me souloit*   pardonne; avait l'habitude
175 Tousjours de si bon cueur rire.

(Il rit.)

Pleust a Jesu Christ que le pire
De ce monde luy resemblast.
On ne tollist* pas, ne n'emblast*   volerait [3]; subtiliserait
L'ung à l'autre comme l'en fait.

(Il touche une pièce de drap.)

180 Que ce drap icy est bien fait [4]!
Qu'est il souëf, doulx et traictis*!   bien tissé

LE DRAPPIER

Je l'ay fait faire tout faictis*   très beau
Ainsi des laines de mes bestes.

PATHELIN

En hen! Quel mesnager* vous estes,   bon ménager
185 Vous n'en ystriés* pas de l'orine [5]   sortiriez
Du père! Vostre corps ne fine*   vous ne finissez
Tousjours de besoingner*!   vous occuper de vos affaires

LE DRAPPIER

Que voulés-vous? Il faut songer*,   veiller
Qui veult vivre, et sonstenir* paine.   endurer

---

1. Quand on vous voit, on voit votre père. — 2. Pathelin souligne la générosité du père afin de susciter celle du fils. — 3. Au sens fort. — 4. Pathelin flatte le drapier en admirant le drap. — 5. Origine.

PATHELIN *(Il touche une autre
        pièce d'étoffe.)*

190 Cestuy-cy, est-il taint en laine?
Il est fort comme ung cordoen*!   cuir (de Cordoue)

LE DRAPPIER

C'est ung très bon drap de Roen,
Je vous prometz, et bien drappé*.   foulé

PATHELIN

Or vrayeme[n]t¹, j'en suys atrappé*,   il me tente
195 Car je n'avoye* intencion²   avais
D'avoir drap, par la Passion
De Nostre Seigneur, quant je vins.
J'avoye mis à part quatre-vings
Escus pour retraire une rente*,   rembourser un prêt
200 Mais vous en aurés vingt ou trente,
Je le voy bien, car la couleur
M'en plaist trèstant* que c'est douleur!   à tel point

LE DRAPPIER, *à part, puis à Pathelin.*

Escus voire. Ce pourroit il faire
Que ceulx donc* vous devés retraire*   auxquels; racheter
05 Ceste rente prinsent monnoye*?   acceptent de la monnaie³

PATHELIN

Et ouy bien, se je vouloye* :   si je voulais
Tout m'en est ung en paiement...

(Il touche encore une pièce d'étoffe.)

Quel drap est cecy vraiment?
Tant plus le voy, et plus m'assote*.   j'en perds la tête
10 Il m'en fault avoir une cotte³
Bref, et à ma femme de mesme.

LE DRAPPIER

Certes, drap est cher comme cresme.
Vous en aurés, se vous voulés,
Dix ou vingt frans y sont coulés
15 Si tost!

---

1. Levet a imprimé vrayem*eut*. — 2. Noter le mensonge de Pathelin. — 3. De la monnaie
qui ne soit pas d'or. — 4. Longue tunique que portaient les hommes et les femmes. Au-
dessus de la *cotte* on portait le *surcot* : voir la gravure p. 42.

PATHELIN

Ne me chault, couste et vaille!
Encor ay-je denier et maille
Qu'oncques ne virent père ne mère[1].

LE DRAPPIER

Dieu en soit loué! Par saint Père,
Il ne m'en desplairoit en pièce*.   pas du tout

PATHELIN

220 Bref, je suis gros de* ceste pièce,   je désire
Il m'en convient avoir.

LE DRAPPIER

                    Or bien,
Il convient aviser* combien   de décider
Vous en voulés, premièrement.
Tout est à vostre commandement,
225 Quanque il en a en la pille*,   dans la pile de drap
Et n'eussiés-vous ne croix ne pille[2].

PATHELIN

Je le sçay bien, vostre mercy.

LE DRAPPIER *(Il touche une pièce d'étoffe.)*

Voulés-vous de ce pers cler* cy?   cette étoffe bleu clair

PATHELIN, *au drapier.*

Avant, combien me coustera
230 La première aulne[3]? Dieu sera
Payé des premiers, c'est raison[4].
Vecy ung denier. *(A part.)* Ne faison
Rien qui soit où Dieu ne se nomme.

LE DRAPPIER

Par Dieu! Vous dittes que bon homme,
235 Et m'en avés bien resjouy.
Voulés-vous à ung mot*?   mon juste prix

---

1. *Denier, maille :* pièces de monnaie de petite valeur. J'ai de l'argent que j'ai gagné, que je n'ai pas hérité. — 2. Certaines pièces d'argent étaient marquées sur une des faces d'une croix (voir la note du vers 115), et sur l'autre, d'une *pile* ou colonne. N'eussiez-vous pas un sou. — 3. Voir p. 28, note 5. — 4. On met le contrat de vente sous la protection divine ; voir le vers 394.

PATHELIN

Ouy.

LE DRAPPIER

Chascune aulne vous coustera
Vingt et quattre solz.

PATHELIN, *étonné.*

Non fera!
Vingt et quattre solz! Saincte Dame!

LE DRAPPIER

240 Il le m'a cousté, par ceste âme!
Tant m'en fault, se vous l'avés.

PATHELIN

Dea*! C'est trop*!   Diable!; beaucoup

LE DRAPPIER

Ha! Vous ne sçavés
Comment le drap est enchéri,
Trèstout le bestail est péri
245 Cest yver par la grant froidure[1].

PATHELIN, *à part.*

Vingt solz! Vingt solz!

LE DRAPPIER

Et je vous jure
Que j'en auray ce je dy.
Or attendés à samedi!
Vous verrés que vault la toison
250 Dont il solloit estre foison*   il y avait beaucoup
Me cousta à la Magdalaine*   le 22 juillet
Huit blans[2], par mon serment, de laine,
Que je souloye avoir* pour quattre.   que j'avais d'ordinaire

PATHELIN

Par le sanc bieu*, sans plus débatre,   sang de Dieu
255 Puis qu'ainsi va donc, je marchande*!   fais l'affaire
Sus! Aulnés*!   Mesurez

---

1. Le drapier fait allusion à l'hiver de 1464. « En l'an mil IIIIᵉ LXIIII, l'iver fut grant, si grant n'avoit passez estoient XXX ans et furent les neefs [les neiges] plus grandes qu'on ne les avoit veues [vues] de mémoire de homme » (*Chronique du Mont Saint-Michel,* S. A. T. F., p. 67). — 2. Petite monnaie valant cinq deniers.

LE DRAPPIER

             Et je vous demande
Combien vous en fault avoir.

PATHELIN

Il est bien aisé a savoir.
Quel lé* a-il?   quelle largeur

LE DRAPPIER

             De Brucelle* [1].   A double largeur, soit
                                                  deux aunes

PATHELIN

[260] Trois aulnes pour moy, et pour elle

    (Il indique la taille de sa femme.)
    — Elle est haulte — deux et demye.
Ce sont six aulnes... Ne sont mie*?   N'est-ce pas?
Et! Non sont! Que je suis becjaune*!   simple

LE DRAPPIER

Il ne s'en fault que demie aulne
[265] Pour faire les six justement.

PATHELIN

J'en prendray six tout rondement.
Aussi me fault-il chapperon [2].

LE DRAPPIER

Prenés là, nous les aulneron*.   mesurerons
Si sont-elles cy, sans rabatre.

    (Ils mesurent le drap ensemble.)
[270] Empreu*, et deux, et trois, et quattre,   une (en comptant)
Et cincq, et six.

PATHELIN

             Ventre Sainct Pierre!
Ric à ric*!   avec exactitude

LE DRAPPIER

Aulneray-je arière [3]?

---

1. Voir p. 110. — 2. Voir p. 26, note 2. — 3. Dois-je les mesurer de nouveau?

PATHELIN

Nenny, de par une longaine*!   latrine (juron grossier)
Il y a ou plus perte ou plus gaigne
275 En la marchandise[1]. Combien
Monte tout?

LE DRAPPIER

      Nous le sçauron bien :
A vingt et quattre solz chascune,
Les six : neuf frans[2].

PATHELIN

      Hen, c'est pour une*!   une fois, la dernière
Ce sont [six][3] escus?

LE DRAPPIER

      M'aist Dieu, voire!

PATHELIN

280 Or, sire, les voulés-vous croire[4]?
Jusques à ja*, quant vous vendrés.   tout à l'heure

(Le drapier ne veut pas le croire.)

Non pas croire : vous les prendrés
A mons huis* en or ou monnoye.   chez moi

LE DRAPPIER

Nostre Dame! Je me tordroye*   ferai un grand détour
285 De beaucoup à aler par là.

PATHELIN

Hee! Vostre bouche ne parla
Depuis... Par monseigneur Saint Gille,
Qu'elle ne disoit pas evangile*.   la vérité
C'est très bien dit, vous vous tordriés[5].
290 C'est cela. Vous ne vouldriés
Jamais trouver nulle achoison*   une occasion
De venir boire en ma maison.
Or y burés* vous ceste fois!   boirez

LE DRAPPIER

Et par Saint Jacques, je ne fais
295 Guères aultre chose que boire.

---

1. Expression ironique et quasi proverbiale : on gagne plus ou moins sur la marchandise. — 2. Neuf francs tournois : voir le calcul, p. 111. — 3. Levet, par erreur, imprime *huit*. Voir le vers 641 où il donne correctement *six*. — 4. Voulez-vous me faire crédit? — 5. Pathelin ne cesse de flatter et de tromper le drapier.

Je iray, mais il fait mal d'acroire*,
Ce sçavés vous bien à l'estraine[1].

de donner à crédit

PATHELIN

Souffist-il se* je vous estraine*
D'escus d'or, non pas de monnoye?
300 Et si* mengerés de mon oye*[2],
Par Dieu, que ma femme rôtist!

si; paie ce premier achat

ainsi; oie

LE DRAPPIER, *à part, puis à Pathelin.*

Vraiement, cest homme m'asotist*.
Alés devant! Sus! Je yray doncques
Et le porteray.

me rend fou

PATHELIN

Rien quiconques*!
305 Que me grevera*-il? Pas maille!
Soubz mon esselle*!

pas du tout
gênera
sous mon bras

LE DRAPPIER

Ne vous chaille*.
Il vault mieulx pour le plus honeste
Que je le porte.

ne vous inquiétez pas

PATHELIN

Male feste
M'envoise* la Saincte Magdalene,
310 Se vous en prenés jà* la paine!
C'est tres bien dit : dessoubz l'esselle.

m'envoie
déjà

(Il met le drap sous sa robe.)

Cecy[3] m'y fera une belle
Bosse. Ha! C'est très bien alé!
Il y aura et beu et gallé*
315 Chiés* moy ains* que vous en allés.

on fera ripaille
Chez; avant

LE DRAPPIER

Je vous pri que vous me baillés*
Mon argent dès que je y seray.

donniez

PATHELIN

Feray, et par Dieu, non feray,
Que n'ayez prins vostre repas

---

1. Pour l'étrenne (la première vente). — 2. Faire manger de l'oie signifie aussi : tromper. — 3. Le drap.

320 Très bien, et si ne vouldroie pas
Avoir sur moy de quoy paier.
Au mains* viendrés essaier   moins
Quel vin je boy. Vostre feu père
En passant huchoit* : « Bien, compère! »   criait
325 Ou : « Que dis-tu? » ou : « Que fais-
                 [tu? »,
Mais vous ne prisés* ung festu   vous méprisez ¹
Entre vous riches <u>les povres hommes</u>!

LE DRAPPIER

Et, par le sanc bieu, nous sommes
<u>Plus povres</u>!

PATHELIN

      Ouay, A Dieu! A Dieu!
330 Rendés-vous tantost au dit lieu,
Et nous beuron bien, je m'en vant*!   vante

LE DRAPPIER

Si feray-je. Alés devant,
Et que j'aye or!

PATHELIN, *en partant, à part.*

      Or? Et quoy doncques?
Or? Déable*! Je n'y failly oncques!   Diable
335 Non! Or! Qu'il peult estre pendu ²!
En! Dea*! Il ne m'a pas vendu   Diable!
<u>A mon mot</u>, ce a esté au sien.
<u>Mais il sera paié au mien</u>!
Il luy fault or, on le luy fourre*!   qu'on lui en fabrique!
340 Pleust à Dieu qu'il ne fist que courre*   courir
Sans cesser*, jusqu'à fin de paye!   s'arrêter
Sainct Jehan, il feroit plus de voye
Qu'il n'y a jusque à Pampelune.

(Il se dirige vers sa maison.)

LE DRAPPIER, *seul.*

Ilz ne verront soleil ne lune*   je cacherai
345 Les escus qu'il me baillera
De l'an, qui ne les m'emblera*.   ne me les volera
Or, n'est-il si fort entendeur*   acheteur
Qui ne treuve* plus fort vendeur.   trouve

---

1. Comme vous méprisez un fétu de paille. — 2. En quittant le drapier, Pathelin parle au public pour souligner qu'il n'a pas la moindre intention de payer le drap qu'il emporte.

Pathelin

Dea cest trop

Le drappier

Ha vous ne scaues
comment le drap est encheri
trestout le bestail est peri
cest puer par la grant froidure

Bibl. Nat., Paris Ph. © Collection Pickford

Planche III
de l'édition Levet

PATHELIN. — *Quel drap est cecy vraiement?*
Tant plus le voy, et plus m'assote...

(v. 208-209)

Ce trompeur-là est bien becjaune*, simple[1]
350 Quant pour vingt-quatre solz l'aune
✖ À prins drap qui n'en vault pas vingt[2]!

  (Le drapier quitte la scène.)

---

1. Pathelin s'est déjà nommé ainsi au vers 263. — 2. Le drapier, lui aussi, est malhonnête. L'auteur suggère-t-il que tous les marchands sont des voleurs?

━━━

SCÈNE II

● Composition

Dans la scène 2, la ruse de Pathelin l'emporte sur la méfiance du drapier, mais vers la fin on observe un « renversement » car le trompeur est trompé. Pathelin payera le drapier « à son mot » (v. 338). Il sera payé, à son tour, par le Berger « à son mot » (v. 1557 et suiv.); voir aussi p. 82, note 1.

● Les caractères

Le marchand nous apparaît comme un personnage qui flatte ses clients mais qui les trompe en même temps. Pathelin emploie son éloquence d'avocat pour voler du drap.

● Structure de la scène

L'action, en forme de dialogue, se déroule par étapes :
Vers 101-115 : Pathelin et Guillaume ont une conversation polie mais banale; ils échangent des clichés.
Vers 116-179 : Pathelin, en parlant du père de Guillaume, flatte le drapier.
Vers 180-219 : Pathelin et le drapier discutent de la qualité du drap.
Vers 220-255 : Il est question du prix du drap.
Vers 256-275 : On mesure le drap.
Vers 275-304 : Il est question du paiement.
Vers 304-315 : Pathelin insiste sur le fait qu'il portera lui-même le drap chez lui.
Vers 316-343 : En renouvelant l'invitation qu'il a faite au drapier de venir dîner chez lui, Pathelin laisse entendre que le drapier ne sera pas payé.
Vers 344-351 : Le drapier révèle que le prix proposé est excessif.
Dans l'intervalle (v. 323-325), Pathelin s'est remis à flatter le drapier en faisant des allusions à son père.

① Esquissez une ébauche du personnage du père du drapier d'après ce qu'en dit Pathelin.
② L'opposition acheteur-vendeur est-elle vraisemblable?

● Style

③ Analysez les diverses façons dont Pathelin joue des rôles, par exemple le rôle du père de Guillaume Joceaulme.
④ Lisez à haute voix les vers 116-133 où Pathelin évoque pour la première fois le père du drapier.
⑤ Par quels procédés l'auteur nous décrit-il le drapier?
⑥ Étudiez la représentation de cette scène d'après la gravure sur bois de Levet (ci-contre).

━━━

Scène III. — PATHELIN, GUILLEMETTE
Chez Pathelin.

PATHELIN

En ay-je?

GUILLEMETTE

De quoy?

PATHELIN

Que devint
Vostre vielle coste* hardie[1]?   cotte

GUILLEMETTE

Il est grant besoing qu'on le die!
355   Qu'en voulés-vous faire?

PATHELIN

Rien, rien.
En ay-je? Je le disoie bien.

(Il lui montre le drap.)

Est-il* ce drap-cy?   Est-ce

GUILLEMETTE

Saincte Dame!
Or par le péril de mon âme,
Il vient d'aucune couverture[2]!
360   Dieux! Dont* nous vient ceste aventure?   D'où
Hélas! Hélas! Qui le payera?

PATHELIN

Demandés-vous qui ce fera?
Par Saint Jehan, il est jà* payé.   déjà
Le marchant n'est pas dévoyé*,   détraqué
365   Belle seur[3], qui le m'a vendu.
Par my le col soye-je pendu,
S'il n'est blanc comme ung sac de
                                        [plastre!
Le meschant villain challemastre[4]
En est saint* sur le cul!   ceint

---

1. Pathelin taquine sa femme qui a peur quand elle voit le drap. La *cotte hardie* était un
vêtement à manches, une sorte de pardessus que l'on portait surtout quand on montait à
cheval. — 2. Deux sens : sens littéral et sens financier (caution). — 3. Terme de tendresse.
— 4. Petit personnage (sculpture de la cathédrale de Cambrai) dont la taille est étroitement
serrée par une ceinture.

GUILLEMETTE

                    Combien
370 Couste-il doncques?

PATHELIN

                    Je n'en doy rien :
Il est payé — ne vous en chaille*.   ne vous inquiétez pas

GUILLEMETTE

Vous n'aviés denier ne maille.
Il est payé! En quel monnoye?

PATHELIN

Et par le sanc bieu*, si avoye*.   sang de Dieu; j'avais
375 Dame, j'avoye ung parisi [1].

GUILLEMETTE

C'est bien alé le beau nisi [2]
Ou ung brevet* y ont ouvré.   reconnaissance de dette
Ainsi l'avés-vous recouvré*.   obtenu
Et quant le terme passera,
480 On viendra, on nous gaigera*   on saisira nos biens
Quancque* avons nous sera osté*!   tout ce que; pris

PATHELIN

Par le sanc bieu, il n'a cousté
Que ung denier[3], quant qu'il* en y a.   tout ce qu'il

GUILLEMETTE

Benedicité, Maria!
85 Que ung denier? Il ne se peult faire!

PATHELIN

Je vous donne ceste yeil* à traire*   œil; arracher
S'il en a plus eu ne n'aura [4],
Jà* si bien chanter ne sçaura.   Jamais

GUILLEMETTE

Et qui est-il?

---

1. Petite pièce de monnaie frappée à Paris. — 2. Promesse de payer à *terme* (v. 379).
— 3. Le *denier* à Dieu : voir le vers 232. — 4. S'il en a coûté ou s'il en coûtera plus
un denier.

45

PATHELIN

C'est ung Guillaume [1]
390 Qui a seurnon* de Joceaulme,   pour nom (de famille)
Puis que vous le voulés sçavoir.

GUILLEMETTE

Mais la manière de l'avoir
Pour ung denier? Et à quel jeu?

PATHELIN

Ce fut pour le denier à Dieu [2]!
395 Et encore, se j'eusse dit
« La main sur le pot! [3] » par ce dit
Mon denier me fust demeuré.
Au fort — est-ce bien labouré*? —   travaillé
Dieu et luy partiront* ensemble   partageront
400 Ce denier-là, se* bon leur semble,   si
Car c'est tout quant qu'ilz* en auront.   ce qu'ils
Jà si bien chanter ne sauront [4],
Ne pour crier, ne pour brester*.   parler à tue-tête

GUILLEMETTE

Comment l'a-il voulu prester,
405 Luy qui est ung homs si rebelle*?   intraitable

PATHELIN

Par saincte Marie, la belle!
Je l'ay armé et blasonné [5]
Si qu'il le m'a presque donné.
Je luy disoie que son feu père
410 Fut* si vaillant! « Ha! » fais-je, « frère,   Était
Qu'estes-vous de bon parentage! »
« Vous estes », fais-je, « du lignage
D'icy entour plus à louer. »
Mais je puisse Dieu avouer
415 S'il n'est atrait* d'une peautraille*,   issu; engeance
La plus rebelle villenaille*   canaille
Qui soit, se croy-je, en ce royaulme!
« Ha! » fais-je, « mon amy Guillaume,
Que resemblés-vous bien de chière*   visage
420 Et du tout à vostre bon père! »
Dieu soit* comment j'eschaffauldoye*,   sait; je le flattais

---

1. Un niais (calembour, car le drapier s'appelle *Guillaume* Joceaulme). — 2. *Denier* offert par un client au début ou à la fin d'un marché : voir p. 36, note 4. — 3. On met la main sur un pot de vin pour sceller un accord. — 4. Voir le vers 388. — 5. Je l'ai décrit de façon élogieuse : le blason était un poème où l'on faisait l'éloge d'un objet, ou d'une personne.

Et à la fois j'entrelardoie*   entremêlais
En parlant de sa drapperie.
« Et puis », fais-je, « saincte Marie,
425 Comment prestoit-il doulcement
Ses denrées* si humblement[1]!   ses marchandises
C'estes-vous », fais-je, « tout crachié! »
Touteffois on eust arrachié
Les dens du villain marsouyn,*   marsouin
430 Son feu père, et du babouyn*,   babouin
Le filz, avant qu'il em prestassent
Cecy, ne que ung beau mot parlassent!
Mais, au fort, ay-je tant bretté*   bavardé
Et parlé qu'il m'en a presté
435 Six aulnes.

                        GUILLEMETTE
            Voire, à jamais rendre!

                        PATHELIN
Ainsi le devés-vous entendre.
Rendre? On luy rendra le deable*!   diable

                        GUILLEMETTE
★ Il m'est souvenu de la fable[2]
Du corbeau qui estoit assis
40 Sur une croix de cincq à six
Toises de hault, lequel tenoit
Ung formage* au bec. Là venoit   fromage
Ung renart qui vit le formage,
Pença à luy : « Comment l'auray-je? »
45 Lors se mist desoubz le corbeau :
« Ha! » fist-il, « tant as le corps beau[3]
Et ton chant plain de melodie! »
Le corbeau par sa cornardie[4],
En oyant* son chant ainsi vanter,   entendant
50 Si ouvrit le bec pour chanter.
Et son formage chet* à terre,   choit, tombe
Et maistre renart le vous serre
A bonnes dens, et si l'emporte.
Ainsi est-il, je m'en fais forte*,   je l'affirme
55 De ce drap. Vous l'avés happé*   saisi

1. Pathelin conte à sa femme la façon dont il a dupé Guillaume. Il en est fier; mais il reste spirituel et bon comédien. — 2. Cette *fable* était bien connue au Moyen Age. Une des premières versions françaises est celle de la poétesse Marie de France qui écrivit durant la deuxième moitié du XIIe siècle. — 3. *Corbeau — corps beau :* rime équivoque du type aimé par les poètes de la fin du XVe siècle que l'on nomme les « Grands Rhétoriqueurs ». — 4. Les *cornards* (joueurs de farces) portaient des bonnets à cornes. *Sa cornardie* = sa sottise.

47

Par blasonner*, et atrappé	flatter (par flatterie)
En luy usant de beau langaige	
Comme fist Renart du formage.	
Vous l'en avés prins par la moe*!	tricherie

PATHELIN

460 Il doit venir menger de l'oe*.	de l'oie
Mais vecy qu'il* nous fauldra faire :	ce qu'il
Je suis certain qu'il viendra braire*	brailler
Pour avoir argent promptement.	
J'ay pensé bon appointement [1].	
465 Il convient que je me couche	
Comme malade, sur ma couche ;	
Et quant il viendra, vous dirés :	
« Ha! parlés bas [2]! » et gémirés*,	vous gémirez
En faisant une chère fade*.	un visage pâle
470 « Las! » ferés-vous, « il est malade,	
Passé deux mois [3], ou six sepmaines. »	
Et s'i'* vous dit : « Ce sont trudaines [4],	s'il
Il vient d'avec moy* tout venant »,	de chez moi
« Hélas! ce n'est pas maintenant »,	
475 Ferés-vous, « qu'il fault rigoller [5] »,	
Et le me laissés flageoller*,	duper
Car il n'en aura autre chose.	

GUILLEMETTE

Par l'âme qui en moy repose,	
Je feray très bien la manière.	
480 Mais, se vous rencheez* arière,	retombez
Que justice vous en repreigne,	
Je me doubte qu'il ne vous preigne*	prenne
Pis la moitié qu'à l'aultre fois [6]!	

PATHELIN

Or paix! Je soy* bien que je fais.	sais
485 Il fault faire ainsi que je dy.	

GUILLEMETTE

Souviengne vous du samedi,
Pour Dieu, qu'on vous pilloria [6]!
Vous sçavés que chascun cria
Sur vous pour vostre tromperie.

---

1. A un bon tour. L'idée de se faire passer pour un malade est bien conçue par Pathelin lui-même. — 2. Ha! parlez bas. Cette phrase formera la base de la comédie verbale de la scène 5. — 3. Au vers 516, Guillemette dira : onze semaines. — 4. Fantaisies. Au vers 568 ce sera Guillemette qui accusera le drapier de lui bailler des « trudaines ». — 5. Au vers 528 Guillemette reprendra ce verbe, aujourd'hui familier. — 6. Guillemette fait allusion à un épisode qui n'est pas joué dans la farce : Pathelin a déjà été condamné au pilori pour sa *tromperie* (v. 489).

PATHELIN

490 Or laissiés celle baverie*.   ce bavardage
Il viendra, nous ne gardons l'eure[1].
Il fault que ce drap nous demeure.
Je m'en vois coucher.

GUILLEMETTE

Allés doncques.

PATHELIN

Or, ne riés point.

GUILLEMETTE

Rien quiconques*,   Pas du tout
495 Mais pleureray à chaudes lermes.

---

1. Qu'importe le délai; nous ne faisons pas attention à l'heure.

SCÈNE III

● **L'action**

Cette scène nous fait connaître le stratagème par lequel le drapier sera
trompé. Pathelin esquisse les rôles que sa femme et lui vont
jouer (v. 465-477).

● **Structure**

L'action se déroule en forme de dialogue. Notez l'évolution de Guillemette qui, d'abord craintive, en vient à faire exactement ce que propose
son mari. Il lui a expliqué comment il a trompé le drapier; elle raconte
à son tour la fable du Corbeau et du Renard. C'est une scène de repos
dans l'action; elle prépare le comique verbal de la scène suivante.

● **Rythme**

Observez le mouvement de cette scène. Pathelin offre un cadeau à sa
femme; elle en est étonnée, comprend le tour qu'a joué son mari, et
elle n'hésite pas longtemps avant de l'aider à tromper de nouveau le
drapier.
① Analysez la façon dont Pathelin sollicite les félicitations de sa femme.
② Étudiez la fable du *Corbeau et du Renard* que raconte Guillemette
(v. 438-458.) Comparez-la avec la même fable de La Fontaine. Laquelle
des deux versions préférez-vous? Pourquoi?
③ Étudiez le rythme des vers 406-435 où Pathelin résume l'action de
la scène précédente. En sont-ils une analyse exacte?
④ Comment les vers 460-477 seront-ils développés dans les scènes 5 et 6?

PATHELIN

Il nous fault estre tous deux fermes
Affin qu'il ne s'en apperçoive.

*(Pathelin se couche dans son lit : Guillemette s'installe près de la porte
en attendant que le drapier arrive.)*

Scène IV. — LE DRAPIER

Chez le drapier.

wants to get something for nothing

LE DRAPIER, *seul.*

Je croy qu'il est temps que je boive	
Pour m'en aler. Hé, non feray,	
500 Je doy boire et si* mengeray	aussi
De l'oe*, par saint Mathelin,	oie
Chiés maistre Pierre Pathelin,	
Et là recevray-je pécune*. [1]	de l'argent
Je happeray là une prune [1]	
505 A tout le moins, sans rien despendre*.	dépenser
Je y vois; je ne puis plus rien vendre.	

*(Il quitte son étal, et traverse la scène
pour arriver devant la maison de maître Pierre Pathelin.)*

_____

1. Prendrai un repas quelconque.

■■

SCÈNE IV

● **L'action**

Ce monologue du drapier révèle son caractère : il veut gagner quelque
chose — un repas — pour rien. Le court intermède que représente ce
monologue permet à Pathelin et à sa femme de préparer leur ruse.
Pathelin se glisse dans son lit et Guillemette s'installe à la porte : voir
la gravure de la page 51.

● **Style**

① Analysez la façon dont l'auteur nous expose la pensée du drapier.
② Étudiez le vocabulaire du drapier. Est-il réaliste ?

■■

Planche IV de l'édition Levet (*cf.* v. 507-510)

Scène V. — LE DRAPPIER, GUILLEMETTE, puis PATHELIN
Devant la maison de Pathelin, puis à l'intérieur de la maison.

LE DRAPPIER *(Il crie.)*

Hau, maistre Pierre!

GUILLEMETTE, *entrouvrant la porte.*

        Hélas, sire,
Pour Dieu, se vous voulés rien* dire,   quelque chose
<u>Parlés plus bas!</u>

LE DRAPPIER

       Dieu vous gart*, dame.   garde

GUILLEMETTE

510 Ho! plus bas!

LE DRAPPIER

Et quoy?...

GUILLEMETTE

       Bon gré m'âme*...   par mon âme

LE DRAPPIER, *qui commence*
à s'impatienter.

Où est-il?

GUILLEMETTE

Las! où doit-il estre?

LE DRAPPIER, *curieux.*

Le qui?...

GUILLEMETTE

       Ha! c'est mal dit, mon maistre.
Où il est? Dieu par sa grâce
Le sache! Il garde la place
515 Où il est, le povre martir,
<u>Unze sepmaines, sans partir[1]!</u>

---

1. Depuis onze semaines, sans bouger. Guillemette exagère! Au vers 471, Pathelin lui avait prescrit de dire *deux mois, ou six sepmaines.*

LE DRAPPIER

De qui?...

GUILLEMETTE

Pardonnés-moy, je n'ose
Parler hault; je croy qu'il repose.
Il est ung petit aplommé*,   un peu assoupi
520 Hélas! il est sy assommé*,   si accablé
<u>Le povre homme!</u>

LE DRAPPIER

Qui?

GUILLEMETTE

Maistre Pierre.

LE DRAPPIER, *stupéfait.*

Ouay! N'est-il pas venu querre*   chercher
Six aulnes de drap maintenant?

GUILLEMETTE

Qui? Luy?

LE DRAPPIER

Il en vient tout venant*,   à l'instant
525 N'a pas la maitié* d'un quart de heure.   moitié
Délivrés-moy*. Dea!* Je demeure   dépêchez-vous; Diable!
Beaucoup. Sà, sans plus flageoler*,   me conter des sottises
Mon argent!

GUILLEMETTE

Hée! sans rigoler,
Il n'est pas temps que l'en rigole[1].

LE DRAPPIER

530 Sà, mon argent! estes-vous folle?
Il me fault neuf frans.

GUILLEMETTE (*Elle gronde.*)

Ha! Guillaume,
Il ne fault point couvrir / de chaume*· that (completely) tromper
Icy, ne bailler ses brocars[2].
Alés! Sorner à voz cocars[3]
535 A qui vous vouldriés jouer!

Willy, you're talking crap!

---

1. Voir les vers 474-75 : Pathelin avait dit à Guillemette... *ce n'est pas maintenant... qu'il faut rigoller* (l'orthographe de Levet est fantaisiste). — 2. Raconter ces histoires piquantes. — 3. Plaisanter avec vos fous.

LE DRAPPIER

Je puisse Dieu désavouer
Se je n'ay neuf frans.

GUILLEMETTE

Hélas, sire,
Chescun n'a pas si fain* de rire   si grande envie
Comme vous, ne de flagorner*.   bavarder

LE DRAPPIER

540 Dictes, je vous prie, sans sorner*,   raconter des sornettes
Par amour faictes-moy venir
Maistre Pierre.

GUILLEMETTE

Mesavenir*   Malheur à vous
Vous puist-il! Et es-se à meshuy [1]?

LE DRAPPIER, *qui ne comprend rien.*

N'es-se pas céans que je suy
545 Chés maistre Pierre Pathelin?

GUILLEMETTE

Ouy, le mal sainct Maturin [2]
(Sans le mien!) au cueur vous tienne!
Parlés bas!

LE DRAPPIER

Le deable* y avienne!   diable
Ne l'oserais-je demander?

GUILLEMETTE

550 A Dieu me puisse commander!
Bas! Se voulés qu'il ne s'esveille.

LE DRAPPIER

Quel « bas » voulés-vous? En l'oreille?
Ou au fons du puis*? ou de la cave [3]?   puits

GUILLEMETTE

Hé, Dieu! Que vous avés de bave*!   que vous êtes bavard!
555 Au fort, c'est tousjours vostre guise.

---

1. C'est pour toute la journée? — 2. Le *mal sainct-Maturin* (ou saint Mathelin) est la folie. — 3. Comique de mots; Molière utilisera encore des plaisanteries de ce genre dans *la Jalousie du Barbouillé.*

LE DRAPPIER

Le deable y soit, quant je m'avise*!   j'y pense
Se voulés que je parle bas...
Dictes sa*! Quant est de débas*   ça; débats
Itelz, je ne l'ay point aprins.
560 Vray est que maistre Pierre a prins
Six aulnes de drap aujourd'uy.

GUILLEMETTE

Et qu'est-ce? Es-se à meshuy[1]?
Déable y ait part! aga!* Que   alors! voyons!
              « prendre »?

(Elle élève la voix.)

Ha, sire! que l'en le puist* pendre   que l'on puisse
565 Qui ment! Il est en tel parti,
Le povre homme, qu'il ne parti
Du lit y a unze sepmaines.
Nous bailliez-vous de voz trudaines*?   fantaisies

(D'une voix plus forte.)

Maintenant en es-se raison?
570 Vous vuiderés de* ma maison.   quitterez
Par les angoisses Dieu, moy, lasse!

[LE DRAPPIER][2]

Vous disiés que je parlasse
Si bas, saincte benoiste Dame,
Vous criés!

GUILLEMETTE, *d'une voix basse.*

         C'estes vous, par m'âme*,   par mon âme
575 Qui ne parlés fors que de noise*!   bruit

LE DRAPPIER

Dictes, affin que m'en voise*,   aille
Baillés moy...

GUILLEMETTE, *en criant.*

Parlés bas! Ferés?

---

1. Guillemette aime reprendre certaines de ses expressions : *es-se à meshuy* (vers 543 et 562); *Le povre homme!* (vers 521, 566 et 679); *Parlés bas!* (vers 509, 548, 577, 599). Toutes ces reprises, et particulièrement la dernière, forment un véritable crescendo de comique verbal. — 2. Par erreur, Levet a imprimé : *Pathelin.*

LE DRAPPIER

Mais vous-mesmes l'esveillerés!
Vous parlés plus hault quattre foys,
580 Par le sanc bieu*, que je ne fais.
Je vous requier qu'on me délivre*.

le sang de Dieu
paye mon dû

GUILLEMETTE

Et qu'es secy? Estes-vous yvre?
Ou hors du sens? Dieu nostre père!

LE DRAPPIER

Yvre! Maugré* en ait saint Père,
585 Vecy une belle demande!

Mauvais gré

GUILLEMETTE

Hélas! Plus bas!

LE DRAPPIER

Je vous demande
Pour six aulnes, bon gré sainct George,
De drap, dame...

GUILLEMETTE, *à part.*

On le vous forge*!

qu'on vous les fabrique!

(Haut.)
Et à qui l'avés-vous baillé?

LE DRAPPIER

590 A luy mesmes.

GUILLEMETTE

Il est bien taillé*
D'avoir drap! Hélas! Il ne hobe*,
Il n'a nul mestier* d'avoir robe.

bien en état...
bouge
besoin

(Elle pleure.)
Jamais robe ne vestira
Que de blanc, ne* ne partira
595 Dont* il est que les piés devant[1].

et il
d'où

---

1. Guillemette fait allusion au linceul et au cadavre qu'on mène à l'enterrement. Ce comique macabre garde sa valeur encore aujourd'hui.

LE DRAPPIER, *étonné.*

C'est donc depuiz soleil levant[1]?
Car j'ay à luy parlé, sans faulte.

GUILLEMETTE, *d'une voix très haute.*

Vous avés la voix si très* haulte!   tellement
Parlés plus bas, en charité!

LE DRAPPIER

600 C'estes vous, par ma vérité,
Vous mesmes, en senglante estraine[2]!
Par le sanc bieu, vecy grant peine!
Qui me paiast, je m'en alasse[3].

(A part.)

Par Dieu, oncques que je prestasse[4],
605 Je n'en trouvé point aultre chose!

PATHELIN, *couché, à l'intérieur.*

Guillemette! Ung peu d'eau rose*!   d'eau parfumée
Haussés-moy! Serrés-moy derrière!
Trut*! A qui parlé-je? L'esguière*!   Zut!; La carafe d'eau!
A boire! Frottés-moy la plante*!   la plante des pieds

LE DRAPPIER, *étonné.*

610 Je l'os* là!   entends

GUILLEMETTE

Voire!

PATHELIN (*Il délire.*)

Ha! Meschante!
Viens çà! T'avois-je fait ouvrir
Ces fenestres? Vien moy couvrir!
Oste* ces gens noirs! Marmara[5]!   Chasse
Carimari! Carimara!
615 Amenés-les moy[6]! Amenés!

---

1. Cette maladie a donc commencé ce matin? — 2. Ce juron exprime l'indignation.
— 3. Si quelqu'un me payait, je m'en irais (ou : si quelqu'un me paie, je m'en irai). —
4. Toutes les fois que j'ai fait crédit. — 5. *Marmara, carimari, carimara* sont des formules
magiques. — 6. Emmenez-les-moi. Pathelin délirant confond *amenez* et *emmenez* et dit le
contraire de ce qu'il veut dire.

GUILLEMETTE, *à l'intérieur, à Pathelin.*

Qu'es-se? Comment vous demenés[1]!
Estes-vous hors de vostre sens?

PATHELIN

Tu ne vois pas ce que je sens!
Velà* ung moine noir qui vole[2]!   Voilà
620 Prens-le! Baillés-luy* une estole[3]!   Donnez-lui
Au chat[4]! au chat! Comment il monte!

GUILLEMETTE

Et, qu'es secy*? N'av'ous* pas honte?   qu'est ceci; N'avez-vous
Et, par Dieu, c'est trop remué!

PATHELIN *(Il retombe, épuisé.)*

Ces phisiciens[5] m'ont tué
625 De ces broulliz* qu'il m'ont fait boire!   avec ces drogues
Et touteffois les fault-il croire,
Ils en euvrent* comme de cire.   manipulent[6]

GUILLEMETTE, *au drapier.*

Hélas! Venés le veoir, beau sire,
Il est si très mal pacient*.   malade

LE DRAPPIER

630 Est-il malade à bon essient*,   sérieusement
Puis orains qu*'il vint de la foire?   depuis le moment où

GUILLEMETTE

De la foire?

LE DRAPPIER

Par saint Jehan, voire!
Je cuide* qu'il y a esté.   crois

(A Pathelin.)

Du drap que je vous ay presté,
635 Il m'en fault l'argent, maistre Pierre!

---

1. Comme vous vous démenez! — 2. Dans cette confusion des sens, Pathelin exprime admirablement l'état d'esprit d'un homme qui délire. La couleur noire symbolise le mal, et le pouvoir surnaturel de voler indique un être surhumain; dans ce cas, diabolique. — 3. Le prêtre porte l'étole quand il exorcise les démons. — 4. Le *chat* est l'animal diabolique, favori des sorcières. — 5. Médecins : en anglais, on les appelle encore *physicians*. — 6. Ils me manipulent comme de la cire.

PATHELIN, *qui feint de prendre le drapier*
pour un médecin.

Ha! maistre Jehan, plus dur que pierre
J'ay chié deux petites crotes
Noires, rondes comme pelotes [1].
Prendray-je ung aultre cristère*?   énéma

LE DRAPPIER

640 Et que sçay-je? Qu'en ay-je à faire?
Neuf frans m'y fault, ou six escus [2].

PATHELIN

Ces trois morceaulx noirs et bécuz*,   pointus (suppositoires)
Les m'appelés-vous pillouères*?   pilules
Ilz m'ont gasté les machouères*!   mâchoires
645 Pour Dieu ne m'en faites plus prendre,
Maistre Jehan, ilz ont fait tout rendre.
Ha! Il n'est chose plus amère!

LE DRAPPIER, *à part.*

Non ont*, par l'âme de mon père :   ils ne l'ont pas fait
Mes neuf francs ne sont point rendus [3]!

GUILLEMETTE, *à part.*

650 Par my le col soient pendus
Telz gens qui sont si empeschables*!   ennuyeux

(Au drapier.)

Alés-vous en, de par les deables*,   diables
Puisque de par Dieu ne peust estre!

LE DRAPPIER

Par celluy Dieu qui me fist naistre,
655 J'auray mon drap ains que je fine*,   avant que je m'en aille
Ou mes neuf frans!

PATHELIN, *au drapier, qu'il feint*
de prendre pour un médecin.

Et mon orine*,   urine
Vous dit-elle point que je meure [4]?
Pour Dieu, quoy qu'il demeure,
Que je ne passe point le pas*!   trépasse pas!

---

1. La grossièreté de Pathelin fait rire. Les auteurs de farces employaient ces expressions sans le moindre scrupule. — 2. *Neuf francs* = six écus. Voir les vers 278-279 et p. 39, note 2. — 3. Le drapier rappelle, ironiquement, le terme *rendre* du vers 646. — 4. Au Moyen Age, les médecins diagnostiquaient les maladies par l'examen de l'urine. Dans les peintures, on reconnaît le médecin car il tient un urinal à la main.

GUILLEMETTE, *au drapier.*

660 Allés-vous en! Et n'est-ce pas
Mal fait de luy tuer* la teste?   casser

LE DRAPPIER

Dame Dieu* en ait mal feste!   Notre Seigneur Dieu
Six aulnes de drap maintenant!
Dictes, est-ce chose advenant*,   convenable
665 Par vostre foy, que je les perde?

PATHELIN, *au drapier.*

Se peussiés esclarcir* ma merde,   amollir
Maistre Jehan? Elle est si très* dure   tellement
Que je ne sçay comment je dure*   endure
Quant elle yst hors* du fondement*.   sort; anus

LE DRAPPIER

670 Il me fault neuf frans rondement,
Que, bon gré sainct Pierre de Romme...

GUILLEMETTE

Hélas! Tant tormentés cest homme,
Et comment estes-vous si rude?
Vous vés* clèrement qu'il cuide*   voyez; croit
675 Que vous soiés phisicien [1].
Hélas! Le povre chrestien
A assés de male meschance* :   grande malchance
Unze sepmaines, sans laschance*,   répit
A esté illec*, le povre homme [2]!   dans cet endroit

LE DRAPPIER

680 Par le sanc bieu, je ne sçay comme*   comment
Cest accident luy est venu,
Car il est aujourd'uy venu,
Et avons marchandé emsemble,
A tout le moins comme il me semble,
685 Ou je ne sçay que ce peust estre.

GUILLEMETTE

Par Nostre Dame, mon doulx maistre,
Vous n'estes pas en bonne mémoire;
Sans faulte, se me voulés croire,
Vous irés ung peu reposer.
690 Moult de* gens pourroient gloser*   beaucoup de; dire
Que vous venés pour moy céans!

---

1. Voir p. 58, note 5. — 2. Voir p. 55, note 1.

Alés hors*, les phisiciens	sortez
Viendront icy tout en presence*.	ici même
Je n'é* cure que l'en y pense	je n'ai
695 A mal, car je n'y pense point.	

LE DRAPPIER, *à part,*
puis *à Guillemette.*

Et maugré bieu*, suis-je en ce point?	malgré Dieu
Par la teste Dieu, je cuidoye*	croyais
Encor... et n'avés-vous point d'oye	
Au feu?	

GUILLEMETTE

C'est très belle demande!	
700 Ha! sire, ce n'est pas viande	
Pour malades, mangés vos oes*	oies
Sans nous venir jouer des moes*.	vous moquer de nous
Par ma foy, vous estes trop aise*!	sans gêne

LE DRAPPIER

Je vous pri qu'il ne vous desplaise,	
705 Car je cuidoye* fermement,	croyais

(Il sort.)

Encor par le sacrement,

(A part, devant la maison de Pathelin.)

Dieu, Dea!* or je vois* savoir :	Diable; vais
Je sçay bien que j'en doy avoir	
Six aulnes, tout en une pièce,	
710 Mais ceste femme me depièce*	m'embrouille
De tous poins mon entendement[1].	
Il les a eues vraiment...	

(Il hésite.)

Non a! Dea! Il ne se peust jondre,	
J'ay veu la Mort[2] qui le vient poindre*,	piquer de son dard

---

1. Cette tirade présente le caractère hésitant du drapier : dupé, il ne sait que faire, il ne sait plus si Pathelin lui a pris du drap ou non. La fluctuation entre la certitude et l'incertitude est ponctuée par le *si a* (vers 716 et 727) et le *non a* (vers 713, 719, 725, 726). Le monologue annonce, en quelque sorte, le célèbre monologue où le drapier ne sait établir la distinction entre le vol de ses « six aulnes » de drap et le vol de ses moutons (vers 1313-1344). — 2. Vers la fin du Moyen Age, et pendant le xve siècle surtout, la mort fut représentée sous la forme d'un squelette, ou d'un corps pourri, qui vient attaquer et prendre les vivants. La plus célèbre représentation de la Danse Macabre, où la Mort vient prendre tous les hommes, du Pape et de l'Empereur jusqu'au Pauvre, se trouvait peinte sous les arcades du cimetière des Innocents à Paris. Ces peintures ont disparu depuis longtemps. D'autres subsistent toujours dans l'église de la Chaise-Dieu (Haute-Loire).

[715] Au mains, ou il le contrefait.	
Et si a! Il les print de faict*	en effet
Et les mist desoubz son essele.	
Par saincte Marie, la belle!...	

(Il hésite encore.)

Non a! Je ne sçay se* je songe :	si
[720] Je n'ay point aprins que je donge*	donne
Mes draps en dormant ne veillant	
A nul, tant soit mon bien veuillant*,	mon bon vouloir [1]
Je ne les eusses point acreues*...	données à crédit
Par le sanc bieu, il les a eues!	
[725] Par la Mort, non a! Ce tiens-je!	
Non a! Mais à quoy donc en vien-ge?	
Si a! Par le sanc Nostre Dame,	
Meschoir* puist-il de corps et d'âme	tomber dans le malheur
Si je soye* qui sauroit à dire	savais
[730] Qui a le meilleur ou le pire	
D'eux ou de moy : je n'y voy goute!	

(Il part.)

PATHELIN, *à Guillemette,*
d'une voix basse.

S'en est-il alé [2]?

GUILLEMETTE, *à voix basse.*

Paix, j'escoute.

Ne sçay quoy qu'il va flageolant* :	marmottant
Il s'en va si fort grumelant*	grommelant
[735] Qu'il semble qu'il doye desver*!	doive devenir fou

PATHELIN

Il n'est pas temps de me lever?
Comme est-il arrivé à point!

GUILLEMETTE

Je ne sçay s'il reviendra point.

(Pathelin veut se lever.)

Nenni, dea*, ne bouges encore	vraiment
[740] Nostre fait seroit tout frelore [3]	
Se il vous trouvoit levé.	

---

1. Si grand soit mon bon vouloir. — 2. Pathelin reste toujours au lit. — 3. Perdu. *Frelore* est un vocable flamand (verloren).

PATHELIN

Saint George!

Qu'est-il venu à bonne forge [1],
Luy qui est si très mescréant**!   si méfiant
Il est en luy* trop mieulx séant   lieu
Que ung crucifix en ung moustier! [2]

GUILLEMETTE

En ung tel or* villain brustier*   sale, marmite;
Oncqz lart es pois* ne cheût si bien [3]. lard aux pois
Avoy!* Dea!* Il ne faisoit rien   fichtre; Diable!
Aux dimenches! *(Elle éclate de rire.)*

PATHELIN

Pour Dieu, sans rire,

750 Se* venoit, il pourroit trop nuyre*;   s'il; faire beaucoup de mal
Je m'en tiens fort qu'il reviendra.

GUILLEMETTE

Par mon serment, il s'en tiendra
Qui vouldra, mais je ne pouroye [4].

LE DRAPPIER, *devant son étal.*

Et, par le saint soleil qui raye*,   jette ses rayons
755 Je retourneray, qui qu'en grousse*,   grogne (quoi qu'on dise)
Chiés cest advocat d'eau doulce [5].
Hé Dieu! Quel retraieur* de rentes   racheteur
Que ses parens ou ses parentes
Auroient venduz! Or, par saint Pierre,
760 Il a mon drap, le faulx tromperre!
Je luy bailly en ceste place*.   Je le lui ai donné ici même

GUILLEMETTE, *à Pathelin.*

Quant me souvient de la grimace
Qu'il faisoit en vous regardant,

(Elle rit.)

Je ry! Il estoit si ardant*   désireux
765 De demander...

---

1. Il est venu là où l'on sait bien forger des mensonges. — 2. *Luy* (pour « lieu ») est une faute de Levet. Il est mieux à sa place qu'un crucifix dans une église. — 3. Jamais lard aux pois ne tomba si bien. — 4. Qui peut s'empêcher de rire le fasse, mais je ne le pourrais. — 5. Cf. « marin d'eau douce ».

PATHELIN

Or, paix, riace*!
Je regnie bieu — que jà ne face —
S'il advenait qu'on vous ouyst*,
Autant vaudroit qu'on s'en fouyst*.
Il est si très* rébarbatif!

> femme qui rit mal à
> propos
> entendait
> se cachât
> tellement

LE DRAPPIER, *revenant chez Pathelin.*

770 Et cest advocat potatif[1]
A trois leçons et troys pseaulmes*,
Et, tient-il les gens pour Guillaumes[2]?
Il est, par Dieu, aussi pendable
Comme seroit ung blanc prenable[3].
775 Il a mon drap, ou je regnie bieu,
Et m'a-il joué de ce jeu...

> et qui ne sait que trois
> leçons et trois psaumes

(Il arrive devant la maison de Pathelin.)

Haulà, où estes-vous fouyé*?

> fourré

GUILLEMETTE, *bas, à Pathelin.*

Par mon serment, il m'a ouye*,
Il semble qu'il doye desver[4]!

> entendue

PATHELIN, *bas, à sa femme.*

780 Je feray semblant de resver.
Alés-là!

GUILLEMETTE, *du drapier.*

Comment* vous criés!

> Comme

LE DRAPPIER

Bon gré en ait Dieu, vous riés!
Sà! Mon argent!

GUILLEMETTE

Saincte Marie!
De quoy cuidés-vous* que je rie?
785 Il n'y a si dolente en la feste.

> croyez-vous

---

1. Le drapier confond *putatif* (qui se dit avocat) et *potatif* (homme qui boit beaucoup: du verbe latin *potare*, boire). — 2. Pour des niais : vois p. 46, note 1. Le drapier s'appelle bien *Guillaume* Joceaulme, mais il est si stupide qu'il ne paraît pas remarquer l'ironie de sa propre expression. — 3. Le drapier fait-il allusion à une secte d'hérétiques qui portaient un vêtement ou un insigne blanc? Un chef de cette secte fut brûlé sur l'ordre du pape Boniface IX vers 1400. — 4. Reprise du vers 735.

Il s'en va*. Oncques* telle tempeste   Il meurt; jamais
N'ouystes*, ne tel frenasie*.   n'entendîtes; frénés
Il est encor en resverie.
Il rêve, il chante, il fatrouille*   s'embrouille
790 Tant de langages, et barbouille*.   bredouille
Il ne vivra pas demie heure,
✘ Par ceste âme, je ris et pleure[1]
Emsemble.

LE DRAPPIER

Je ne sçay quel rire
Ne quel plourer : à brief vous dire*,   en bref
795 Il fault que je soye payé.

GUILLEMETTE

De quoy? Estes-vous desvoyé*?   détraqué
Recommencés-vous vostre verve*?   bavardage

LE DRAPPIER

Je n'é point aprins qu'on me serve
De telz motz en mon drap vendant.
800 Me voulés-vous faire entendant
De vecies que ce sont lanternes[2]?

PATHELIN, qui délire.

Sus, tost! la royne des guiternes*,   reine des guitares
A coup qu'elle me soit aprouchée!
Je sçay bien qu'elle est acouchée
805 De vingt-quattre guiterneaux*,   petites guitares
Enfans à* l'abbé d'Iverneaux[3]!   de
Il me fault estre son compère.

GUILLEMETTE, à Pathelin.

Hélas! Pensés à Dieu le père,
Mon amy, non pas en guiternes*.   aux guitares

LE DRAPPIER, à Pathelin.

810 Hé, quel bailleur de balvernes*   conteur de balivernes
Sont-ce cy? Or tost! Que je soye
Payé en or ou en monnoye
De mon drap que vous avés prins*!   pris

---

1. Expression quasi proverbiale; cf. la célèbre *Ballade du concours de Blois* de François Villon : « Je meurs de soif auprès de la fontaine »; « Je ris en pleurs et attens sans espoir. » — 2. Expression proverbiale; cf. le *Testament* de Villon (v. 696) : « Et prent vecies pour lanternes. » — 3. L'abbaye d'Ivernaux, en Brie, était réputée dissolue.

GUILLEMETTE, *au drapier.*

Hé, dea! Se vous avés mesprins*   si vous vous êtes trompé
815 Une fois, ne suffist il mye?

LE DRAPPIER

Savez-vous qu'il est, belle amye?
M'aist Dieu, je ne sçay quel
                    [mesprendre*...   malentendu
Mais quoy! Il convient rendre ou
                    [pendre [1]...
Quel tort vous fai-ge, se je vien
820 Céans pour demander le mien?
Que bon gré Saint Pierre de Romme...

GUILLEMETTE

Hélas! Tant tormentés* cest homme!   vous tourmentez tant
Je voy bien à vostre visage,
Certes, que vous n'estes pas saige.
825 Par ceste pecheresse*, lasse!   la pécheresse que je suis
Se j'eusse aide, je vous liasse*,   je vous ferais ligoter
Vous estes trèstout forcené*!   tout à fait fou!

LE DRAPPIER

Hélas! J'enrage que je n'ay
Mon argent.

GUILLEMETTE

             Ha! Quelle niceté*!   niaiserie!

(Elle fait le signe de la croix.)
830 Saignés-vous! Benedicité!
Faictes le signe de la croix!

LE DRAPPIER *(Il regarde Pathelin
        qui s'agite et délire.)*

Or regnie-je bieu* se j'acrois   je renie Dieu
De l'année [2] drap! Quel malade!

PATHELIN

Mère de Diou, la coronade,
835 Par fye, y m'en voul anar,

---

1. Même jeu de mots aux vers 645-650. — 2. Si je donne du drap à crédit cette année.

Or renaigne biou, oultre mar!
Veintre de Diou, z'en dit gigone[1]!

    (Il désigne le drapier.)

Castuy-çà, rrible et rés ne done.
Ne carrillaine[2]! Fuy ta none!
840 Que de l'argent il [ne] me sone*.   parle

    (Au drapier.)

Avez entendu, biau cousin?

    GUILLEMETTE, *au drapier.*

Il eust ung oncle limosin,
Qui fut frère de sa belle ante*,   tante
C'est ce qui le fait, je me vante,
845 Gergonner en limosinois*.   parler en langue limousine

    LE DRAPIER

Dea! Il s'en vint en tapinois,
A tout mon drap soubz son esselle*.   avec... sous le bras

    PATHELIN, *à Guillemette.*

Venés-ens, doulce damiselle,
Et que veult ceste crapaudaille*.   tas de crapauds, canaille

    (Au drapier.)

850 Alés en, arrière, merdaille*!   merdeux!

  (Il s'enveloppe dans sa couverture.)

Sà, tost! Je vueil devenir prestre,
Or, sà! Que le déable y puist estre
En chelle* vielle prestrerie!   cette

    (Il ricane.)

Et fault-il que [le][3] prestre rie
855 Quant il deüst chanter sa messe?

    GUILLEMETTE

Hélas! Hélas! L'eure s'apresse*   approche
Qu'il fault son dernier sacrement.

    LE DRAPIER

Mais comment parle-il propremen
Picart? Dont* vient tel cocardie*?   D'où; telle bêtise

---

1. « Mère de Dieu, la couronne, par ma foi, je veux m'en aller malgré moi, ou je renie
Dieu! Ventre de Dieu, j'en dis *Zut*! (mot provençal?) ». — 2. « Celui-là ne donne rien, pas
même un article volé! » — 3. Levet a imprimé : *que* luy *prestre.*

GUILLEMETTE

860 Sa mère fut de Picardie,
Pour ce le* parle-il maintenant.   le dialecte picard

PATHELIN, *au drapier.*

Donc* viens-tu, caresme prenant [1]?   D'où
Vuacarme, lief gode man;
Etlbelic boq iglughe golan;
865 Henrien, Henrien, conselapen;
Ych salgneb nede que maignen;
Grile, grile, scohehonden,
Zilop, zilop en mon que bouden,
Disticlien unen desen versen,
870 Mat groet festal ou truit denhersen,
En vuacte viulle, comme trie!
Chà! A dringuer, je vous em prie!
Quoy act semigot yane,
Et qu'on m'y mette ung peu d'eaue [2].
875 Vuste vuille* pour le frimas,   Différez un instant
Faictes venir sire Thomas
Tantost, qui me confessera!

LE DRAPPIER

Qu'est cecy? Il ne cessera
Huy* de parler divers langaige?   Aujourd'hui
880 Au mains* qu'il me baillast ung gage*   pourvu; me donne une
Ou mon argent, je m'en allasse.   caution

GUILLEMETTE

Par les angoisses Dieu, moy lasse!
Vous estes ung bien divers homme.
Que voulés-vous? Je ne sçay comme
885 Vous estes si fort obstiné.

PATHELIN

Or, chà! Renouart au tiné* !   à la massue [3]
Bé, dea! Que ma couille est pelouse*!   poilue
Elle semble une cate* pelouse,   chenille
Ou à une moque* à miel.   une mouche

---

1. Joyeux compère (allusion aux fêtes du Mardi gras). — 2. Texte d'origine hollandaise.
Voici la traduction que propose E. Chevaldin : « Hélas, cher brave homme. — Je connais
heureusement plus d'un livre. — Henri, ah! Henri; ah! viens dormir. — Je vais être bien
armé. — Alerte, alerte : trouvez des bâtons! — Course, course : une nonne ligotée! Des
distiques garnissent ces vers. — Mais grand festoiement épanouit le cœur. — Ah! attendez
un instant : il vient une tournée de rasades. — Çà, à boire, je vous en prie. — Viens seulement,
regarde seulement : un don de Dieu! — Et qu'on m'y mette un peu d'eau! » — 3. Rainouart,
personnage héroï-comique des chansons de geste du Cycle de Guillaume d'Orange, écrasait
ses ennemis avec une massue.

890 Bé! Parlés à moy, Gabriel,
      (Il s'agite.)
  Les plées* Dieu, qu'es-se qui s'ataque   plaies
  A men cul? Es-se une vaque*?   un bousier (insecte)
  Une mouque*, ou ung escasbot*?   mouche; escarbot
  Bé, dea! J'é le mau saint Garbort[1].
895 Suis-je des foureux* de Bayeux?   foireux
  Jehan du Quemin* sera joyeux,   Jehan du chemin [2]
  Mais qu'il saiche que je le sée.
  Bée, par saint Miquiel*, je berée*   Michel; boirais
  Volentiers à luy une fes [3]!   une fois!

    LE DRAPPIER *(Pathelin s'agite.)*

900 Comment peust-il porter les fes*   supporter le faix
  De tant parler? Ha! Il s'afolle!

    GUILLEMETTE

  Celuy qui l'aprint à l'escolle*   l'instruisit à l'école
  Estoit normant*, ainsi advient   normand
  Qu'en la fin il luy en souvient.
      (Pathelin râle.)
905 Il s'en va!

    LE DRAPPIER

      Ha! Saincte Marie,
  Vecy la plus grant resverie
  Où je fusse oncques mes* bouté :   jamais
  Jamais ne me fusse doubté
  Qu'il n'eust huy* esté à la foire.   aujourd'hui

    GUILLEMETTE

910 Vous le cuidiés*?   croyiez?

    LE DRAPPIER

      Sainct Jaques, voire!
  Mais j'aperçoys bien le contraire.

    PATHELIN *fait le geste d'écouter,*
      puis il parle au drapier.

  Sont-il ung asne que j'orre* braire?   entends
  Alast! Alast! Cousin à moy!

---

1. Saint Garbot (Gereboldus), 14ᵉ évêque de Bayeux, fut chassé de la ville par les habitants à cause des sévères avertissements qu'il lança. Dieu les punit par une terrible dysenterie. Enfin, grâce à un miracle et aux prières de l'évêque, la dysenterie cessa. — 2. Tout le monde. — 3. Toute cette tirade est en patois normand.

Ilz le seront en grant esmoy
[915] Le jour quant ne te verré.
Il convient que je te herré*,   haïrai
Car tu m'as fait grant trichery.
Ton fait, il sont tout trompery.

   (Il délire.)

Ha! Oul, danda oul en ravezeie[1],
[920] Corfha en euf...

  GUILLEMETTE, *à son mari.*

    Dieu vou[s][2] ayst!

  PATHELIN

Huis oz bez ou dronc nos badou
Digaut an tan en hol madon
Empedis dich guicebnuan
Quez quevient ob dre douch ama
[925] Menez cahet hoz bouzelou
Eny obet grande canou
Maz rehet crux dan hol con
So ol oz merveil gant nacon
Aluzen archet epysy
[930] Har cals amour, ha coureisy[1].

  LE DRAPPIER, *à Guillemette.*

Hélas! Pour Dieu, entendés-y.
Il s'en va, comment il guerguille*!   fait glou-glou!
Mais que déable est-ce qu'il barbouille?
Saincte Dame, comment il barbote*!   marmotte!
[935] Par le corps Dieu, il barbelote*   bredouille
Ses motz, tant qu'on n'y entent rien!
Il ne parle pas crestien,
Ne nul langaige qui apere*.   soit compréhensible

  GUILLEMETTE

Ce fut la mère de son père
[940] Qui fut attraicte* de Bretaigne.   originaire
Il se meurt : cecy nous enseigne
Qu'i[l][3] fault ses derniers sacremens.

---

1. De ce passage en langue bretonne (v. 919-930), Joseph Loth, après avoir tâché de restituer le texte, propose la traduction suivante : « Puisses-tu être aux diables, — Corps et âme... (Dieu vous ayst!) — Puissiez-vous avoir mauvaise nuit, des étourdissements — Par suite du feu dans vos biens. — Je vous souhaiterai à vous tous, sans exception, — Oppresseurs, par effet de la peur, — Que vous rendiez vos entrailles — En faisant des boudins, — Que vous donniez dégoût à tous chiens — Qui sont mourant de faim. — Tu auras aumône et bon visage — Et beaucoup de tendresse et de civilité. » Sur la rime (v. 921-22), voir p. 117 et suiv. — 2. Levet imprime : *vout.* — 3. Levet imprime : *Qui fault.*

PATHELIN, *au drapier.*

Hé, par saint Gigon[1], tu te mens.
Vualx te Deu, couille* de Lorraine!   testicule (voir le v. 887)
945 Dieu te mette en bote* sepmaine.   mauvaise
Tu ne vaulx mie une vielz nat* :   vieille natte
Va! Sanglante bote sanat*!   vieux soulier!
Va foutre! Va, sanglant paillart!
Tu me refais trop le gaillart.
950 Par la mort bieu, sà! Vien t'en boire,
Et baille moy stan* grain de poire*,   cette année;poivre (et) poire
Car vraiement il le mengera
Et par saint George, il bura
A ty. Que veulx-tu que je die?
955 Dy, viens-tu nient* de Picardie?   en aucune manière
Jaques, nient ce sont ebobis[2]?
Et bona dies sit vobis,
Magister amantissime,
Pater reverendissime,
960 *Quomodo brulis? Que nova?*
Parisius non sunt ova.
Quid petit ille mercator?
Dicat sibi quid trufator
Ille qui in lecto jacet
965 *Vult ei dare, si placet,*
De oca ad comedendum,
Si sit bona ad edendum,
Pete sibi sine mora!

GUILLEMETTE, *au drapier.*

Par mon serment, il se mourra
970 Tout parlant! Comment il lascume[3],
Vées-vous pas comment il escume[4]
Haultement la divinité?
Elle s'en va, son humanité*.   sa vie
Or demourray-je povre et lasse.

LE DRAPPIER, *à part.*

975 Il fust bon que je m'en allasse
Avant qu'il eust passé le pas*.   soit mort

---

1. Nom de saint wallon. — 2. Ébaubis. Suit un texte latin dont voici la traduction :
Bonjour à vous, — Maître très aimable, — père révérendissime, — Comment brûles-tu?
qu'est-ce qu'il y a de neuf? — Les Parisiens ne sont pas des œufs. — Que demande ce mar-
hand? — Il se dit : « Quel trompeur! — Celui qui se couche au lit — Veut lui donner quelque
hose, s'il lui plaît. — De l'oie à manger. — Qu'elle soit bonne à manger! — Cherche-toi
ans délai! » — 3. Il écorche le latin. Guillemette confond *latine* et *lacune*. — 4. bien
u'elle prononce *escume*, Guillemette veut dire *estime* (calembour).

(A Guillemette.)

Je doubte qu'il ne voulsist* pas   veut
Vous dire, à son trespassement,
Devant moy, si privéement,
980 Aucuns secrés, par avanture.
Pardonnés-moy, car je vous jure
Que je cuidoye*, par ceste âme,   croyais
Qu'il eust eu mon drap. A Dieu, Dame,
Pour Dieu · qu'il me soit pardonné!

GUILLEMETTE, *le conduisant à la porte.*

985 Le benoist jour vous soit donné,
Si soit* à la povre dolente[1]!   ainsi qu'

LE DRAPPIER, *à part,*
à l'extérieur de la maison.

Par saincte Marie la gente*,   noble
Je me tiens plus esbaubely*   ébaubis
Qu'oncques. Le déable, en lieu de ly,
990 A prins mon drap pour moy tenter.
Benedicité! A tenter
Ne puist-il ja* à ma personne!   jamais
Et puis qu'ainsi va, je le donne,
Pour Dieu, à quiconques l'a prins.

(Il s'en va vers sa maison.)

GUILLEMETTE

995 Avant! vous ay-je bien aprins*,   enseigné
Or s'en va-il, le beau Guillaume*.   niais
Dieux, qu'il a dessoulz son heaume*   dans la tête
De menues conclusions[2]!
Moult luy viendra d'avisions*   de rêves
1000 Par nuyt, quand il sera couché.
Comment il a esté mouché*!   rembarré!
N'ay-je pas bien fait mon devoir?

PATHELIN

Par le corps bieu*, à dire veoir,   corps de Dieu
Vous y avés très bien ouvré*.   travaillé
1005 Au moins avons nous recouvré*   obtenu
Assés drap pour faire des robbes*.   vêtements

(Ils quittent la scène.)

---

1. C'est-à-dire à Guillemette elle-même. — 2. Terme de logique et de procédure.

SCÈNE V

● **Le décor**

On se fait une excellente idée de la façon dont on jouait cette scène au xv⁰ siècle en examinant la gravure de la page 51. Guillemette et le drapier portent les mêmes costumes que dans les premières gravures. Pathelin, au contraire, s'est déguisé en malade, en mourant : il a quitté sa robe de ville et s'est coiffé d'un bonnet de nuit avant de se coucher.

● **L'action**

Cette scène, la plus longue de la farce, une des plus importantes et une des plus comiques, se divise en sept mouvements :
Vers 507-605 : le drapier demande à parler à Pathelin, et Guillemette l'invite à « parler bas ».
Vers 606-669 : Pathelin parle et simule le délire, en prenant le drapier pour un médecin.
Vers 670-731 : le drapier renouvelle son désir d'être payé, et enfin il part.
Vers 732-753 : Pathelin et Guillemette se flattent d'avoir trompé le drapier.
Vers 754-833 : le drapier revient chez Pathelin pour demander son argent.
Vers 834-974 : Pathelin délire en « divers langages » et feint d'être mourant.
Vers 975-1006 : le drapier, croyant enfin que Pathelin se meurt, part et laisse Guillemette avec son mari.
On le voit, cette scène a l'ampleur d'une farce entière. Elle a une structure et une unité remarquables. C'est ici que l'on peut voir à l'œuvre l' « équipe Guillemette-Pathelin » qui réussit à berner le pauvre drapier.

● **Les caractères**

Pathelin et Guillemette sont d'excellents acteurs ou « farceurs ». Ils savent jouer des rôles et manier la langue. Le drapier, moins habile, révèle son esprit indécis et confus.
① Montrez le soin avec lequel l'auteur souligne l'esprit borné du drapier.
② Étudiez l'attitude de Guillemette. Veut-elle seulement rester loyale envers son mari, ou aime-t-elle se jouer de ses adversaires?
③ On s'étonne de la naïveté du drapier. Qu'en pensez-vous?

● **Le comique**

Dans cette scène le comique de mots abonde non seulement dans le jeu du « parlez bas », mais aussi dans les célèbres passages en divers langages. Rabelais et Molière utiliseront ce dernier procédé comique. Quelques tirades de *Pathelin* annoncent même le théâtre de l'absurde.
④ Relevez tous les jeux de mots de la scène.
⑤ Voyez-vous, dans les vers 636-669, une satire de la profession médicale? Justifiez votre opinion.
⑥ Étudiez l'opposition entre l'avocat et le marchand. A qui va l'avantage, selon vous?
⑦ Pensez-vous que les passages en divers langages s'adressaient à un public français? Pourquoi?

Le drappier

quoy dea chascun me paist de lobes
chascun men porte mon auoir
et prent ce quil en peust auoir
or suis ie le roy des meschans
mesment les bergiers des champs
me cabusent ores le mien
aqui iay tousiours fait du bien
il ne ma pas pour bien gabbe

Planche V
de l'édition Levet

THIBAULT AIGNELET, *bergier.* —
  Dieu vous doint benoiste journée
  Et bon vespré, mon seigneur doulx   (v. 1017-1018)

Scène VI. — LE DRAPPIER, THIBAULT AIGNELET, *bergier*
Chez le drapier.

LE DRAPPIER, *seul.*

�֍ Quoy, Dea! Chascun me paist de lobes*!   nourrit de mensonges
Chascun m'en porte mon avoir*   mes biens
Et prent ce qu'il en peust avoir.
1010 Or suis-je le roy des meschans!
Mesment* les bergiers des champs   même
Me cabusent*.   me trompent
   (Le berger entre.)
     Ores* le mien,   maintenant
A qui j'ay tousjours fait du bien,
Il ne m'a pas pour bien gabbé*.   bafoué
1015 Il en viendra au pié l'abbé*,   à s'agenouiller [1]
Par la benoiste couronnée*!   la Vierge

THIBAULT AIGNELET, bergier

Dieu vous doint* benoiste journée   donne
Et bon vespré, mon seigneur doulx.

LE DRAPPIER

Ha! Es-tu là, truant merdoulx!   vagabond merdeux!
1020 Quel bon varlet! Mais à quoy faire?

LE BERGIER

Mais qu'il ne vous vueille desplaire,
Ne sçay quel vestu de roié [2],
Mon bon seigneur, tout deroié*,   excité
Qui tenoit ung fouet sans corde*,   une verge
1025 M'a dit... Mais je ne me recorde*   rappelle
Point bien au vray que ce peult estre,
Il m'a parlé de vous, mon maistre,
Je ne sçay quelle adjournerie*...   assignation (à comparaître)
Quant à moy, par saincte Marie,
1030 Je n'y entens ne gros ne gresle*,   rien du tout
Il m'a broullé* de pelle mesle   embrouillé
De « brebis », « à... de relevée [3] »,
⚯ Et m'a fait une grant levée*   m'a fait des reproches
De vous, mon maistre, de boucler*.   de votre part

---

1. Comparaître devant le juge. — 2. Quelle personne vêtue de drap rayé : les sergents portaient des manteaux bigarrés. — 3. Voir le vers 1075.

LE DRAPPIER

… je ne te sçay emboucler*   entraîner
Tout maintenant devant le juge,
Je prie à Dieu que le déluge
Coure sur moy, et la tempeste!
Jamais tu n'assommeras beste,
1040 Par ma foy, qu'il ne t'en souvienne;
Tu me rendras, quoy qu'il advienne,
Six aulnes... dis-je, l'essemage*   l'abattage
De mes bestes, et le doumage*   le dommage
Que tu m'as fait depuis dix ans[1].

LE BERGIER

1045 Ne croiés pas les mesdisans*,   diffamateurs
Mon bon seigneur, car par cest' âme...

LE DRAPPIER

Et par la Dame que l'en clame*,   l'on invoque
Tu les rendras au samedi,
Mes six aulnes de drap[2]... je dy,
1050 Ce que tu as prins sur mes bestes.

LE BERGIER, *surpris.*

Quel drap? Ha, monseig[n]eur, vous
[estes,
Ce croy-je, couroussé d'aultre chose.
Par saint Leu*, mon maistre, je n'ose   Saint Loup[3]
Riens dire quant je vous regarde.

LE DRAPPIER

1055 Laisse m'en paix. Va-t-en, et garde
T'ajournée*, se bon te semble.   reviens au tribunal[4]

LE BERGIER

Monseigneur, acordons[5] ensemble,
Pour Dieu, que je ne plaide point!

LE DRAPPIER

Va! Ta besongne* est en bon point :   ton affaire
1060 Va-t-en! Je n'en accorderay[5],
Par Dieu, ne n'en appointeray[6]

---

1. Le drapier confond déjà les deux causes : le drap volé et les moutons tués. — 2. Nouvelle confusion. — 3. Patron des bergers. — 4. Le jour prévu. — 5. Sur l'orthographe variée, voir p. 113 et suiv. — 6. Ni ne demanderai un règlement judiciaire.

Qu'ainsi que le juge fera.
Avoy*! Chascun me trompera   Fichtre
1065 Mesouen*, se je n'y pourvoye!   Cette année

       LE BERGIER, *à part.*

A Dieu, sire, qui vous doint* joye!   donne
Il fault donc que je me défende.

(Il se dirige vers la maison de Pathelin.)

▪▪

SCÈNE VI

- **L'action**

  Nous voici au début de la seconde action de *Pathelin*. L'auteur relie les deux actions par le truchement du drapier qui se croit persécuté par tout le monde, par ses clients (Pathelin) et par ses serviteurs (le berger que l'auteur introduit assez subitement); la scène sert de repos, après celle des divers langages, et prépare la scène du tribunal.

- **Les caractères**

  Le dialogue révèle bien les caractères. Le berger se montre respectueux envers son maître, tout en restant un paysan cauteleux. La manière dont le drapier parle au berger ressemble peu à la manière dont il entretient ses clients. Le berger prétend être stupide et hésitant. Encore sous le coup de la perte de son drap, le drapier se montre parfois confus.
  ① Analysez le caractère du berger d'après les vers 1021-1034.
  ② Étudiez les vers 1035-1044 et montrez comment ils réunissent les deux actions de *Pathelin*.
  ③ Montrez la vraisemblance de cette scène.

- **Le décor**

  ④ D'après la gravure de la page 74 précisez le décor de la scène.

▪▪

Scène VII. — LE BERGIER, PATHELIN, GUILLEMETTE
Devant la maison de Pathelin, puis à l'intérieur.

[LE BERGIER], *qui frappe à la porte.*

A-il âme* là?   Y a-t-il quelqu'un

PATHELIN, *bas.*

On me pende,
S'il ne revient, par my la gorge[1]!

GUILLEMETTE, *bas.*

Et, non fait, que, bon gré saint George,
1070 Ce seroit bien au pis venir.

LE BERGIER, *devant la maison.*

Dieu y s't*! Dieu puyst avenir!   Dieu y soit!

PATHELIN, *sortant de sa maison.*

Dieu te gart, compains*! Que te fault?   compagnon [2]

LE BERGIER

On me piquera* en défault*   prendra; refus de compa-
Se je ne vois à m'ajournée*.   raître
1075 Monseigneur, à... de relevée[3],   vais à la convocation
Et s'i' vous plaist, vous y viendrés,
Mon doulx maistre, et me défendrés
Ma cause, car je n'y sçay rien?
Et je vous paieray très bien,
1080 Pourtant se je suis* mal vestu[4].   quoique je sois

PATHELIN

Or viens sà, et parles. Qu'es-tu?
Ou demandeur*, ou défendeur?   plaignant

LE BERGIER

J'é* à faire à ung entendeur*.   J'ai; commerçant
Entendés-vous bien, mon doulx
                              [maistre[5]?

---

1. Pathelin croit, à tort, que le drapier revient. Sa femme, au contraire, garde son sang-froid. — 2. *Compains* est le cas sujet. — 3. Si je ne vais à la convocation... à (une heure que le berger n'a pas retenue) de l'après-midi. — 4. Le berger, d'apparence pauvre, souligne le fait qu'il est assez riche. — 5. Le berger sait, lui aussi, manier la langue et faire des jeux de mots.

¹⁰⁸⁵ A qui j'é* long temps mené paistre	J'ai
Ses brebis, et les gardoye*.	gardais
Par mon serment, je regardoye*	regardais
Qu'il me paioit petitement...	

> *(Il hésite.)*

Diray-je tout?

PATHELIN

Dea*, seurement :	Diable
¹⁰⁹⁰ A son conseil* doit-on tout dire.	avocat-conseil

LE BERGIER

Il est vray et vérité, sire,	
Que je les y ay assommées	
Tant que plusieurs se sont pasmées	
Maintesfois, et sont cheües* mortes,	tombées
¹⁰⁹⁵ Tant fussent-elles saines et fortes :	
Et puis je luy faisoye* entendre,	faisais
Affin qu'il ne m'en peust reprendre,	
Qu'ilz mouroient de la clavelée [1].	
« Ha! » fait-il, « ne soit plus meslée	
¹¹⁰⁰ Avecques les aultres, jette-la. »	
« Volentiers », fais-je; mais cela	
Se faisoit par une aultre voie,	
Car, par saint Jehan, je les mengeoye,	
Qui savoie* bien la maladie,	moi qui savais
¹¹⁰⁵ Que voulés-vous que je vous die?	
J'ay cecy tant continué,	
J'en ay assommé et tué	
Tant, qu'il s'en est bien apperceü.	
Et, quant il s'est trouvé deceü*,	trompé
¹¹¹⁰ M'aist Dieux*, il m'a fait espier*,	que Dieu m'aide ; espionner
Car on les oyt* bien hault crier,	a entendus
Entendés-vous*, quant on le fait.	comprenez-vous
Or ay-je esté prins sur le faict*.	pris en flagrant délit
Je ne le puis jamais nyer.	
¹¹¹⁵ Si* vous vouldroie bien prier	Aussi
— pour du mien, j'ay assés finance [2] —	
Que nous deux luy baillons l'avance*.	payons des arrhes
Je sçay bien qu'il a bonne cause,	
Mais vous trouverés bien clause,	
¹¹²⁰ Se voulés, qu'il aura maulvaise.	

---

1. Maladie infectieuse. — 2. Le berger insiste sur le fait qu'il a les moyens de payer.

PATHELIN

Par ta foy, seras-tu bien aise!
Que donras-tu se je renverse
Le droit de ta partie adverse,   délié de toute obligation à
Et se l'en t'en envoye assoubz*?   l'égard du Drapier

LE BERGIER

1125 Je ne vous paieray point en solz*   sous
Mais en bel or à la couronne[1].

PATHELIN

Donc auras-tu ta cause bonne,
Et fust-elle la moitié pire,
Tant mieulx vault, et plus tost l'empire*,   je la rends encore pire
1130 Quant je vueil mon sens appliquer.
Que tu me orras* bien descliquer*,   m'entendras; claquer la
Quant il aura fait sa demande!   langue
Or viens sà, et je te demande
— Par le saint sanc bieu* precieux —   de Dieu
1135 Tu es assés malicieulx
Pour entendre bien la cautelle*.   ruse
Comment es-se* que l'en t'appelle?   est-ce

LE BERGIER

[P]ar sainct Mor[2], Tibault l'Aignelet.

PATHELIN

L'Aignelet, maint aigneau de let
1140 Luy as cabassé* à ton maistre[3]?   volé

LE BERGIER

Par mon serment, il peult bien estre
Que j'en ay mengié plus de trente
En trois ans.

PATHELIN

                    Ce sont dix de rente,
Pour tes déz et pour ta chandelle[4].
1145 Je croy que luy bailleray belle.

---

1. Pour la troisième fois, le berger fait état de sa richesse. — 2. Saint Maur : le berger jure par *sainct Jehan* (v. 1103), *sainct Mor*, et *Saincte Marie* (v. 1149). Il fait allusion à Saint-Maur-des-Fossés, près de Paris. — 3. A l'aide de calembours, Pathelin fait au berger une petite démonstration de son éloquence d'avocat. — 4. Dans les tavernes, il fallait payer les chandelles quand on jouait aux déz; d'où l'expression : « le jeu ne vaut pas la chandelle ». Dans les scènes de taverne du *Jeu de saint Nicolas*, Jehan Bodel fait allusion au fait que les joueurs devaient payer la chandelle.

*(Il songe à l'autre aspect du procès, puis
                dit au berger.)*

Penses-tu qu'il puisse trouver
Sur piés*, ses fais par qui prouver?   une personne (un témoin)
C'est le chief* de la plaiderie.   le point capital

LE BERGIER

Prouver, sire? Saincte Marie,
1150 Par tous les sainctz de Paradis
Pour ung il en trouvera dix
Qui contre moy déposeront!

PATHELIN

C'est ung cas qui fort desront*   nuit à
Ton fait. Vecy ce que je pensoye :
1155 Je ne faindré* point que je soye   feindrai
Des tiens, ne que je te veisse oncques*.   jamais

LE BERGIER

Ne ferés, Dieux!

PATHELIN

          Non, rien quelzconques*.   en aucune manière
Mais vecy qu'il esconviendra* :   ce qu'il faudra faire
Ce* tu parles, on te prendra   si
1160 Coup à coup aux positions,
Et en [c]es¹ cas confessions
Sont si très préjudiciables,
Et nuysent tant, que ce sont deables².
Pour ce, vecy qu'i fera :
1165 Ja tost* quant on t'apellera   Tantôt
Pour comparoir* en jugement,   comparaître
Tu ne respondras nullement
Fors « Bée » pour rien que l'en te die*. quoi que l'on te dise
Et s'il avient qu'on te mauldie
1170 En disant : « Hé, cornard puant,
Dieu vous met en mal an, truant!
Vous mocqués-vous de la justice? »
Dy « Bée ». « Ha! » feray-je, « il est
                        [nice*,   idiot
Il cuide* parler à ses bestes ».   croit
1175 Mes s'il* devoient rompre leurs testes,   même s'ils

---

1. Levet a imprimé : *tes*. — 2. La langue de Pathelin devient technique et comique en
même temps. La rime *préjudiciables* et *deables* (diables) fait rire.

Que aultre mot n'ysse* de ta bouche.	ne sorte
Garde t'en bien!	

LE BERGIER

Le fait me touche.
Je m'en garderay vraiement,
Et le feray bien proprement.
1180 Je le vous promet, et afferme*. — affirme

PATHELIN

Or t'y garde, tiens te* bien ferme.	toi
A moy-mesme, pour quelque chose	
Que je te die, ne* propose,	ou
Si ne respondz aultrement.	

LE BERGIER

1185 Moy, nennin, par mon sacrement!	
Dictes hardiment que j'afolle,	
Se je dy huy* aultre parolle	aujourd'hui
A vous¹ n'à quelque aultre personne,	
Pour quelque mot que l'en me ssonne	
1190 Fors « Bée », que vous m'avés aprins*.	appris

PATHELIN

Par saint Jehan, ainsi sera prins*	pris
Ton adversaire par la moe*!	moquerie!
Mais aussi fais que je me loe*,	loue
Quant ce sera fait, de ta paye*.	de mes honoraires

LE BERGIER

1195 Monseigneur, se je ne vous paye
A vostre mot, ne me croiés²,
Jamais. Mais je vous pry, voiés
Diligemment à ma besongne.

PATHELIN

Par Nostre Dame de Boulongne³,	
1200 Je tien que le Juge est asis,	
Car il se siet toujours à six	
Heures, ou illec* environ,	à ce moment
Or vien après moy : nous n'yron	
Nous deux ensemble pas en voie.	

---

1. Noter l'ironie : le berger répondra « bée » à l'avocat quand il demandera ses honoraires. Il payera Pathelin, « à son mot » (v. 1196), au pied de la lettre. Le berger le dit d'une façon précise, mais Pathelin n'y prête pas la moindre attention. — 2. Voir la note 1. — 3. Le pèlerinage de Notre-Dame de Boulogne était célèbre au Moyen Age. Il s'agit ici de Boulogne-sur-Seine, à l'ouest de Paris.

LE BERGIER

¹²⁰⁵ C'est bien dit, affin qu'on ne voye
Que vous soiés mon advocat.

PATHELIN

Nostre Dame! Moquin moquat*,   gare à toi
Se tu ne payes l'argent!

LE BERGIER (Il part.)

Dieux, à vostre mot, vraiëment,
¹²¹⁰ Monseigneur, et n'en faictes doubte¹.

PATHELIN, seul.

Hé! Dea*! S'il ne pleust, il dégoute²: Diable
Au moins auray-je une épinoche*.   quelque petite chose
J'auray de luy, s'il chet en coche³,
Ung escu ou deux pour ma paine.

*(Pathelin quitte sa maison et se promène au centre de la scène
où il se tient à la gauche du juge.)*

---

1. Voir encore p. 82, note 1. — 2. Expression proverbiale. — 3. S'il gagne sa cause; expression proverbiale faisant allusion à la *coche* de l'arbalète où l'arbalétrier met son carreau.

■■■

SCÈNE VII

● **L'action**

Pathelin craint que le drapier ne revienne, mais il agit rapidement en avocat quand il apprend que le berger demande ses « services ».

● **Les caractères**

L'auteur nous présente Pathelin, avocat plein d'assurance et de présomption, qui aime utiliser les termes juridiques. Le berger, paysan, se montre avide et malin.
① Commentez les vers 1073-1080 et relevez tout ce qui aide à comprendre le personnage du berger.
② Étudiez les vers 1157-1177. Relevez-en le côté comique.

● **Le goût des contrastes**

Nous sommes ici devant un conflit entre le bourgeois et le paysan. L'auteur nous suggère, de façon habile, que celui qui a l'air pauvre est effectivement riche. Le bourgeois, que l'on croit prospère, est, au contraire, pauvre. Qu'on ne voie pas dans cette double opposition une satire sociale : c'est plutôt une variante du thème « le trompeur trompé ».
③ Rapprochez les vers 1125-26 des vers 282-283 et commentez ce rapprochement.

■■■

Bous feries bien de la tendre
Le iuge
he dea ie ailleurs a entendre
se Bostre partie est presente
deliures Bous sans plus datente
et nestes Bous pas demandeur
Le drappier
Si suis

Bibl. Nat., Paris Ph. © Collection Pickford

Planche VI
de l'édition Levet

LE JUGE. — *Où est le défenseur?*
            Est-il cy présent en personne?

LE DRAPPIER. — *Ouy, véez-le la qui ne sonne*
              Mot. Mais Dieu scet qu'il en pense!   (v. 1231-1234)

Scène VIII. — PATHELIN, LE JUGE, LE DRAPPIER, LE BERGIER

Au tribunal, le juge assis du centre; à sa droite, debout, le drapier; à sa gauche, debout, Pathelin et le berger.

[PATHELIN], *saluant le juge*
et levant son bonnet.

1215 Sire, Dieu vous doint* bonne estraine*   donne; bonne chance
Et ce que vostre cueur désire.

LE JUGE

Vous soiés le bien venu, sire.
Or vous couvrez. Çà : prenés place.

PATHELIN

Dea! Je suis bien, sauf vostre grace.
1220 Je suis yci plus à délivre*.   à l'aise

LE JUGE, *au drapier.*

S'il y a riens*, qu'on se délivre*   quelque chose; dépêche
Tantost, affin que je me lièvre!*   ne lève la séance

LE DRAPPIER

Mon advocat vient, qui achève
Ung peu de chose qu'il faisoit,
1225 Monseigneur, et s'i' vous plaisoit,
Vous feriés bien de l'atendre.

LE JUGE

Hé, dea! J'é ailleurs à entendre*!   juger un autre procès
Se vostre partie* est présente,   partie adverse
Délivrés-vous*, sans plus d'atente.   Expédiez l'affaire
1230 Et n'estes-vous pas demandeur*?   plaignant?

LE DRAPPIER

Si suis.

LE JUGE

Où est le défendeur?
Est-il cy présent en personne?

LE DRAPPIER, *indiquant le berger.*

Ouy. Véez-le là qui ne sonne
Mot. Mais Dieu scet qu'il en pense!

LE JUGE

¹²³⁵ Puis que vous estes en présence,
Vous deux, faictes vostre demande*.   faites votre plainte

LE DRAPPIER

Vecy doncques que luy demande* :   ce que je lui demande [1]
Monseigneur, il est vérité
Que pour Dieu et en charité
¹²⁴⁰ Je l'ay nourry en son enfance,
Et quant je viz qu'il eust puissance
D'aler aux champs, pour abrégier,
Je le fis estre mon bergier,
Et le mis à garder mes bestes.
¹²⁴⁵ Mais, aussi vray comme vous estes
Là assis, monsigneur le juge,
Il en a fait ung tel déluge*   carnage
De brebis et de mes moutons
Que sans faulte...

LE JUGE, *l'interrompant.*

Or, escoutons :
¹²⁵⁰ Estoit-il point vostre aloué*?   salarié?

PATHELIN

Voire, car s'il c'estoit* joué   s'était
A le tenir sans alouer*...   l'avoir pris à gage

LE DRAPPIER, *reconnaissant tout d'un*
coup Pathelin qui lève la main pour se
cacher le visage.

Je puisse Dieu désavouer
Se ce* n'estes-vous! Vous, sans faulte!   si ce

LE JUGE, *à Pathelin.*

¹²⁵⁵ Comment? Vous tenés la main haulte :
Av'ous* mal au dens, maistre Pierre?   avez-vous

PATHELIN

Ouy, elles me font telle guerre
Qu'oncques mais ne senty tel rage*!   telle douleur!
Je n'ose lever le visage.
¹²⁶⁰ Pour Dieu, faictes-les procéder.

---

1. En justice.

LE JUGE, *au drapier.*

Avant, achevés de plaider!
Sus! Conclués appertement*!   clairement

LE DRAPPIER, *à part.*

C'est-il, sans aultre vraiëment!
Par la Croix où Dieu s'estendi!

                (A Pathelin.)
1265 C'est à vous à qui je vendi
Six aulnes de drap, maistre Pierre?

LE JUGE, *à Pathelin.*

Qu'es-se* qu'il dit de drap?   Qu'est-ce

PATHELIN

                        Il erre.
Il cuide* à son propos venir,   croit
Et il n'y scet plus advenir
1270 Pour ce qu'il ne l'a pas aprins¹.

LE DRAPPIER, *au juge.*

Pendu soie, se aultre l'a prins*,   pris
Mon drap, par la sanglante gorge!

PATHELIN

Comment le meschant homme forge*   invente
De loing pour fournir son libelle²!
1275 Il veult dire — est-il bien rebelle*? —   intraitable
Que son bergier avoit vendu
La laine — je l'ay entendu —
Dont fut fait le drap de ma robbe,
Comme s'il dist qu'il le desrobe,
1280 Et qu'il luy a emblé* les laines   volé
De ses brebis.

LE DRAPPIER, *à Pathelin.*

                Male* sepmaine   Mauvaise
M'envoye Dieu se vous ne l'avés!

---

1. Pathelin suggère que la cause du drapier est fausse, que le drapier ne se rappelle pas bien l'histoire qu'il a fabriquée de toutes pièces. — 2. Le livret *(libellus)* où l'avocat fait écrire sa cause, donc par métonymie la cause même.

LE JUGE

Paix! De par le deable, vous [b]avés*!   bavardez [1]
Et ne sçavés-vous revenir
1285 A vostre propos sans tenir
La Court de telle baverie*?   tel bavardage

PATHELIN, *éclatant de rire.*

Je sens mal [2] et fault que je rie!
Il est desjà si empressé
Qu'il ne scet où il a laissé* :   où il en est resté
1290 Il fault que nous luy reboutons [3]!

LE JUGE, *au drapier.*

Sus! Revenons à ces moutons [4]!
Qu'en fut-il?

LE DRAPPIER

               Il en print six aulnes [5]
De neuf frans.

LE JUGE, *se fâchant.*

               Sommes-nous becjaunes*   simples d'esprit
Ou cornards [6]? Où cuidés*-vous estre?   croyez

PATHELIN, *au juge.*

1295 Par le sang bieu, il vous fait paistre*!   se moque de vous!
Qu'est-il bon homme par sa mine!
Mais je los* qu'on examine   conseille
Ung bien peu sa partie adverse.

LE JUGE, *à Pathelin, puis à part,*
ensuite au berger.

Vous dictes bien. Il le converse*,   fréquente
1300 Il ne peult qu'il ne le congnoisse!
Vien çà! Dy!

LE BERGIER

               Bée!

---

1. Levet a imprimé : *lavés.* — 2. Expression ironique, car Pathelin n'a pas vraiment mal aux dents. — 3. Que nous le fassions revenir à son propos. — 4. L'expression est bientôt devenue proverbiale sous la forme : « Revenons à nos moutons ».— 5. Voir p. 28, note 5. — 6. Voir p. 47, note 4.

LE JUGE

Vecy angoisse!
Quel bée es-se cy? Suis-je chièvre?
Parle à moy!

LE BERGIER

Bée!

LE JUGE

Sanglante fièvre
Te doint* Dieu! Et te moques-tu?   donne

PATHELIN

1305 Croiés* qu'il est fol, ou testu*,   croyez; stupide
Ou qu'il cuide* estre entre ses bestes.   croit

LE DRAPPIER, à *Pathelin.*

Or regnie-je bieu*, se vous n'estes   je renie Dieu
Celuy, sans aultre, qui l'avés
Eu, mon drap!
                (Au juge.)
                Ha! Vous ne sçavés,
1310 Monseigneur, par quelle malice...

LE JUGE, *lui coupant la parole.*

Et, taisés-vous! Estes-vous nice*?   idiot
Laissés en paix ceste assessoire*,   ce détail accessoire
Et venons au principal*.   sujet principal

LE DRAPPIER

Voire,
Monseigneur, mais le cas me touche* :   m'intéresse
1315 Toutesfois, par ma foy, ma bouche
Meshuy* ung seul mot n'en dira.   désormais
Une aultre fois il en ira
Ainsi qu'il en pourra aller
Il le me convient avaller
1320 Sans mascher[1]... Or je disoie
A mon propos, comment j'avoie
Baillé* six aulnes... doy je dire,   donné
Mes brebis... Je vous en prie, sire,
Pardonnés-moy. Ce gentil maistre...

---

1. Expression proverbiale qui signifie : accepter malgré soi.

¹³²⁵ Mon bergier, quant il devoit estre
      Aux champs... Il me dist que j'auroye*   j'aurais
      Six escus d'or quant je vendroie*...   viendrais
      Dis-je, depuis trois ans en çà,
      Mon bergier m'en couvenança*   m'a promis
¹³³⁰ Que loiaument* me garderoit   loyalement
      Mes brebis, et ne m'y feroit
      Ne dommage ne villennie...
      Et puis maintenant il me nye
      Et drap et argent plainement.

                  (A Pathelin.)

¹³³⁵ Ha! Maistre Pierre, vraiëment...

            (Au juge, qui s'impatiente.)

      Ce ribault-cy m'enbloit* les laines   me volait
      De mes bestes, et toutes saines
      Les faisoit mourir et périr
      Par les assommer et férir*   frapper
¹³⁴⁰ De gros bastons sur la cervelle...
      Quant mon drap fut soubz son esselle*,   sous son bras
      Il se mist au chemin grant erre*,   rapidement
      Et me dist que je allasse querre*   chercher
      Six escus d'or en sa maison¹.

            LE JUGE, *au drapier.*

¹³⁴⁵ Il n'y a ne rime ne raison
      En tout quant que* vous rafardés*.   ce que; rabâchez
      Qu'es-se cy? Vous entrelardés*   entremêlez
      Puis d'ung, puis d'aultre. Somme toute,
      Par le sang bieu, je n'y vois goute.
¹³⁵⁰ Il brouille* de drap, et babille*   marmotte; bavarde
      Puis de brebis, au coup la quille*!   au pur hasard
      Chose qu'il die ne s'entretient!

            PATHELIN, *au juge.*

      Or, je m'en fais fort* qu'il retient   je ne doute pas
      Au povre bergier son salaire.

            LE DRAPPIER, *à Pathelin.*

¹³⁵⁵ Par Dieu, vous en peussiés bien taire!
      Mon drap, aussi vray que la messe...

---

1. Dans cette tirade (vers 1318-1344), le drapier mêle les deux thèmes : le vol des moutons et la tricherie de Pathelin. Il évoque les *six aulnes* de drap quatre fois (vers 1266,1272, 1282, 1292), qu'il mêle, à quatre reprises, au thème des moutons tués. La suite du discours s'interrompt, de façon non seulement confuse mais comique, car les débuts de phrases, qui s'appliquent tout d'abord aux moutons, se construisent avec des verbes qui s'appliquent, plus ou moins exactement, au drap volé.

Je sçay mieulx où le bas m'en blesse*, où le bât me blesse
Que vous ne ung aultre ne sçavés,
Par la teste Dieu, vous l'avés!

LE JUGE

1360 Qu'es-se qu'il a?

LE DRAPPIER, *au juge.*

   Rien, monseigneur.
Par mon serment, c'est le grignour* plus grand
Trompeur! Holà! Je m'en tairay,
Se je puis, et n'en parleray
Meshuy*, pour chose qu'il advienne. désormais

LE JUGE

1365 Et non! mais qu'il vous en souvienne!
Or, conclués appertement*. clairement [1]

PATHELIN

Ce bergier ne peult nullement
Respondre au fais que l'en propose
S'il n'a du conseil*, et il n'ose — un avocat
1370 Ou il ne scet — en demander.
S'i' vous plaisoit moy commander* d'ordonner
Que je fusse à luy, je y seroye.

LE JUGE *(Il regarde le berger.)*

Avecques luy? Je cuideroye* croirais
Que ce fust trèstout froidure*. une mauvaise affaire
1375 C'est Peu d'Aquest [2]!

PATHELIN, *au juge.*

   Moy, je vous jure
Qu'aussi n'en vueil* riens avoir. veux
Pour Dieu soit! Or je vois* savoir vais
Au povret qu'il me vouldra dire,
Et s'il me sçaura point instruire
1380 Pour respondre aux faitz de partie.
Il auroit dure partie
De cecy, qui ne le secourroit*. si personne ne l'aide

---

1. Voir le vers 1262. — 2. *Peu d'Aquest* : personnage de farce qui représente le Pauvre. Ce personnage se trouve pour la première fois dans la farce *Marchandise, Le Temps qui court, et Grosse despence*, composée vers 1450. Ce personnage reparaît dans des farces postérieures à *Pathelin*. C'était donc un caractère, un « type » bien connu.

> (Au berger.)
Vien çà, mon amy.

> (Au juge.)
> Qui pourroit
Trouver...
> (Au berger.)
> Entens?

LE BERGIER

> Bée!

PATHELIN

> Quel « Bée »?
> [Dea!
1385 Par le sainct sang que Dieu réa*!   qui raya le corps du Christ
Es-tu fol? Dy moy ton affaire!   crucifié

LE BERGIER

Bée!

PATHELIN

Quel « Bée »? Oys-tu* tes brebis   entends-tu;
> [braire*?   bêler
C'est pour ton proffit. Entendz-y!

LE BERGIER

Bée!

PATHELIN, *bas.*

Et, dy « ouy » ou « nenny »!
> (A part, au berger.)
1390 C'est bien fait. Dy tousjours!
> (Haut.)
> Feras?

LE BERGIER, *d'une voix basse*

Bée!

PATHELIN, *au berger.*

Plus hault, ou tu t'en trouveras
En grans despens, et je m'en doubte.

LE BERGIER

Bée!

PATHELIN

Or est-il plus fol qui boute*   envoie
Tel fol naturel en procès!

(Au juge.)

1395 Ha! Sire, renvoyés l'en à ses
Brebis. Il est fol de nature.

LE DRAPPIER

Est-il fol? Saint Sauveur d'Esture[1],
Il est plus saige que vous n'estes!

PATHELIN, *au juge.*

Envoiés-le garder ses bestes
1400 Sans jour* : que jamais ne retourne!   sans ajournement (*sine die*)
Que mauldit soit-il qui ajourne*   convoque en justice
Telz folz, ne ne fait ajourner!

LE DRAPPIER

Et l'en fera l'en retourner*   le fera-t-on partir
Avant que je puisse estre ouy?   entendu

LE JUGE

1405 M'aist Dieu, puis qu'il est fol, ouy.
Pour quoy ne fera?

LE DRAPPIER

                    Hé, Dea*, sire,   vraiment
Au mains* laissés-moy avant dire   moins
Et faire mes conclusions.
Se ne sont pas abusions*   tromperies
1410 Que je vous dy, ne moqueries.

LE JUGE

Ce sont toutes tribouilleries*   ennuis
Que de plaider à folz ne à folles!
Escoutés : à mains de parolles
La Court n'en sera plus tenue[2].

---

1. En invoquant *Saint Sauveur* d'Asturie pour souligner la sagesse du berger, le drapier prédit ironiquement, mais sans le savoir, que le berger est en effet plus astucieux que l'avocat lui-même. — 2. Pour mettre fin à ce bavardage, la séance sera levée.

LE DRAPPIER, *au juge.*

¹⁴¹⁵ S'en yront-ilz sans retenue*   obligation
De plus revenir?

LE JUGE

Et quoy doncques*?

PATHELIN, *au juge.*

Revenir? Vous ne veistes oncques*   jamais
Plus fol, n'en faictes ne ant response*!   ni en faits, ni en réponse
(Montrant le drapier.)
Et si ne vault pas mieulx une once¹
¹⁴²⁰ L'autre. Tous deux sont folz sans
                              [cervelle :
Par saincte Marie la belle,
Eulz deux n'en ont pas ung quarat²!

LE DRAPPIER, *à Pathelin.*

Vous l'emportastes* par barat*,   l'avez gagné; fraude
Mon drap, sans paier, maistre Pierre.
¹⁴²⁵ Par la char* bieu! moy, las!   chair
                              [pechierre³]!
Ce ne fut pas fait de predhomme*.   prudhomme

PATHELIN

Or je regnie sainct Pierre de Romme
S'il n'est fin fol, ou il afolle!

LE DRAPPIER, *à Pathelin*

Je vous cognois à la parolle,
¹⁴³⁰ Et à la robe, et au visaige.
Je ne suis pas fol, je suis sage
Pour congnoistre qui bien me fait.
        (Au juge)
Je vous compteray* tout le fait,   conterai
Monseigneur, par ma conscience.

PATHELIN, *au juge.*

¹⁴³⁵ Hée, sire, imposés-leur silence!

---

1. Mesure de poids : environ 30 grammes. — 2. Carat : la cinquième partie d'un gramme, soit 200 milligrammes. — 3. Sur le texte de Levet, on lit *Pierre*. Les autres textes portent *ne par sainct pierre* (imprimé de Germain Beneaut, décembre 1490) ou *moy las pecherre* (Galiot du Pré, édition de 1532).

(Au drapier.)
N'av'ous* honte de tant débatre*   n'avez-vous pas; disputer
A ce bergier pour trois ou quattre
Veilz brebiailles* ou moutons   pauvres brebis
Qui ne valent pas deux boutons?
                    (Au juge.)
1440 Il en fait plus grand kyrielle*...   répétition...

                LE DRAPIER, l'interrompant.

Quelz moutons? C'est une viele*?   un refrain
C'est à vous-mesme que je parle,
Et vous me le rendrés par le
Dieu qui voult* à Noël estre né!   voulut

                LE JUGE, à Pathelin.

1445 Veés-vous? Suis-je bien asséné*?   dirigé
Il ne cessera huy* de braire!   aujourd'hui

                LE DRAPIER

Je luy demande...

                PATHELIN, au juge, puis au drapier.

                    Faictes-le taire!
Et, par Dieu, c'est trop flageollé*.   avoir dupé
Prenons qu'il [en] ait affollé [1]
1450 Six ou sept ou une douzaine
Et mengés, en sanglante estraine* :   cadeau sanglant
Vous en estes bien meshaigné*!   blessé
Vous avés plus que tant gaigné
Au temps qu'il les vous a gardés.

                LE DRAPIER, au juge.

1455 Regardés, sire. Regardés!
Je luy parle de drapperie,
Et il respont de bergerie!
                (A Pathelin.)
Six aulnes de drap, où sont-elles,
Que vous mistes soubz vous esselles*?   sous vos bras?
1460 Pensés-vous point de les moy rendre?

---

1. Levet imprime : *qu'il ait affollé*. Nous adoptons le texte de l'édition Leroy.

PATHELIN, *au drapier.*

Ha! sire, le ferés-vous pendre [1]
Pour six ou sept bestes à laine?
Au mains*, reprenés vostre alaine* :   moins; haleine
Ne soiés pas si rigoureux
1465 Au povre bergier douloureux
Qui est aussi nu comme ung ver [2]!

LE DRAPPIER, *à Pathelin.*

C'est très bien retourné le ver [3]!
Le deable me fist bien vendeur
De drap à ung tel entendeur*!   acheteur!

(Au juge.)

1470 Dea, monseig[n]eur [4], je luy demande...

LE JUGE, *au drapier.*

Je l'assolz* de vostre demande   le décharge [5]
Et vous deffendz le procéder [6].
C'est ung bel honneur de plaider
A ung fol. (Au berger.) Va-t-en à tes
[bestes.

LE BERGIER

1475 Bée!

LE JUGE, *au drapier.*

Vous montrés bien qui vous estes,
Sire, par le sang Nostre Dame!

LE DRAPPIER, *au juge.*

Hé! Dea, monseigneur, bon gré
[m'âme*,   sur mon âme
Je luy vueil...

PATHELIN, *au juge.*

S'en pourroit-il taire?

---

1. Le vol était puni de mort. — 2. Expression proverbiale; cf. Villon. — 3. Expression proverbiale qui signifie ici : changer de sujet. — 4. Levet a imprimé : *monseigueur.* — 5. Puisque le berger est fou, il est incapable de plaider. Il est donc renvoyé, absous parce que juridiquement « incapable », irresponsable. — 6. L'infinitif est ici un substantif.

LE DRAPPIER, *à Pathelin, d'un ton vif.*

Et, c'est à vous que j'ay à faire.
1480 Vous m'avés trompé faulsement,
Et emporté furtivement
Mon drap, par vostre beau langage.

PATHELIN, *qui ne daigne pas lui répondre,*
et parle au juge.

J'en appelle en mon courage!
Et vous l'oyez* bien, monseigneur?   entendez

LE DRAPPIER, *à Pathelin.*

1485 M'aist Dieu!* Vous estes le grigneur*   Si Dieu m'aide; plus grand
Trompeur!... (Au juge.) Monseigneur,
                [que je die...

LE JUGE, *à Pathelin et au drapier.*

C'est une droicte cornardie [1]
Que de vous deux! Ce n'est que noise!
M'aist Dieu, je los que m'en voise*!   il faut que ne m'en aille

        (Au berger.)

1490 Va-t-en, mon amy, ne retourne
Jamais, pour sergent* qui t'ajourne [2].   officier de justice
La Court t'asoult *. Entens-tu bien?   absout

        PATHELIN, *au berger.*

Dy grans merci!

            LE BERGIER

                Bée!
            LE JUGE, *au berger.*

                Dis-je bien :
Va-t-en! Ne te chault*, autant vaille.   ne t'inquiète pas

        LE DRAPPIER, *au juge.*

1495 Es-se raison qu'il s'en aille
Ainsi?

---

1. Farce jouée par les « cornards » (acteurs qui portaient des bonnets à cornes : voir p. 47, note 4). — 2. Qui t'assigne.

LE JUGE, *au drapier.*

Ay! J'ay à faire ailleurs.
Vous estes par trop grant railleurs*,   gouailleurs
Vous ne m'y ferés plus tenir*.   ne me retiendrez plus

(A Pathelin.)

Je m'en vois*. Voulés-vous venir   vais
1500 Souper avec moy, maistre Pierre?

PATHELIN (*Il lève la main au visage
pour indiquer qu'il souffre du mal
aux dents.*)

Je ne puis.

(*Le juge s'en va.*)

SCÈNE VIII

● **L'action**

Cette scène du tribunal est représentée page 84. L'auteur n'emploie plus la formule du dialogue : c'est une conversation « triangulaire » ponctuée par les *bée* d'un quatrième personnage, le berger. Le ton commence par être sérieux, puis viennent des mystifications, et tout se termine par des éclats de rire.
① Étudiez la pantomime et le comique de gestes.

● **Les caractères**

Pour la première fois on observe l'avocat Pathelin devant la cour. Il se montre correct, et il saisit toutes les occasions de déconcerter son nouveau (et son ancien) adversaire, le drapier.
② Étudiez le personnage du juge. Voyez-vous en lui une caricature ou une peinture vraisemblable?
③ Analysez la tirade du drapier (vers 1313-1344) et mettez en valeur sa confusion d'esprit.

● **Structure de la scène**

Le procès suit un rythme assez marqué :
Vers 1215-1236 : exposition du procès; le juge établit qui est défendeur et qui est plaignant.
Vers 1237-1298 : le plaignant (le drapier) dépose sa plainte, ou plutôt il mêle ses deux plaintes.
Vers 1299-1488 : le juge donne la parole au défendeur. Celui-ci est interrompu par le plaignant, et soutenu par son avocat Pathelin.
Vers 1489-1494 : le juge prononce son verdict et absout le berger.
Tout cela ressemble à « une cause grasse », une de ces causes ou procès comiques représentés par les clercs de la Basoche (voir notre introduction, p. 6-7).

Scène IX. — LE DRAPPIER, PATHELIN, LE BERGIER, *à part.*
Devant le tribunal.

LE DRAPPIER

Ha! Qu'es-tu fort lierre*!   voleur
Dictes, seray-je point payé?

PATHELIN

De quoy? Estes-vous desvoyé*?   hors du sens?
Mais qui cuidés-vous* que je soye?   croyez-vous
1505 Par le sang de moy, je pensoye
Pour qui c'est que vous me prenés!

LE DRAPPIER

Bée! Dea*!   Diable!

PATHELIN

Beau sire, or vous tenés*.   attendez
Je vous diray, sans plus attendre,
Pour qui vous me cuidés* prendre. croyez
1510 Est-ce point pour Esservellé[1]?

(Il lève le chaperon.)

Voy, Nennin! Il n'est point pelé*, chauve, tonsuré
Comme je suis, dessus la teste.

LE DRAPPIER

Me voulés-vous tenir pour beste*? stupide?
C'estes vous en propre personne,
1515 Vous de vous, vostre voix le sonne,
Et ne le croiés aultrement.

PATHELIN

Moy de moy! Non suis, vraiëment :
Ostés-en vostre opinion.
Seroit-ce point Jehan de Noyon[2]?
1520 Il me resemble de corsage.

LE DRAPPIER

Hé! Déable, il n'a pas visaige
Ainsi potatif[3], ne si fade*!   pâle!

---

1. *Esservelé* : personnage de farce, sans doute bien connu au xve siècle. — 2. On ne sait plus qui était ce personnage. Pathelin fait allusion, sans doute, à un homme assez connu, mais cette plaisanterie n'est plus intelligible. — 3. Voir p. 64, note 1.

Ne vous laissé-je pas malade
Orains*, dedens vostre maison?   tout à l'heure

PATHELIN

1525 Ha! Que vecy bonne raison!
Malade! Et quel maladie?...
Confessés vostre cornadie* :   ruse, tromperie
Maintenant est-elle bien clere*.   claire

LE DRAPPIER

C'estes-vous! Ou regnie* saint Pierre!   je renie
1530 Vous, sans aultre, je le sçay bien
Pour tout vray!

PATHELIN

          [Or n'en croyez rien [1],]
Car certes, ce ne suis-je mie.
De vous oncq aulne* ne demie   jamais aune
Ne prins — je n'é* pas le los* tel.   ai; la réputation

LE DRAPPIER

1535 Ha! Je vois* veoir en vostre hostel*,   vais; maison
Par le sang bieu, se vous y estes!
Nous n'en débatrons* plus nos testes   disputerons
Ycy, se vous treuve* là!   si je vous trouve

PATHELIN

Par Nostre Dame, c'est cela,
1540 Par ce point le sçaurés vous bien!

(Le drapier se dirige vers la maison de Pathelin, et quitte la scène.)

---

1. Cette fin de vers ne se trouve que dans l'édition de Galiot du Pré.

■■

SCÈNE IX

● L'action

Dans cette scène, la première dispute entre Pathelin et le drapier est menée à sa conclusion. Au vers 1535 le drapier dit qu'il ira chez Pathelin voir si celui-ci est bien malade à la maison. N'oublions pas que la maison de Pathelin restait en pleine vue du public, d'un côté de la scène.

● Les caractères

① Dans ce dernier dialogue entre Pathelin et le drapier, ne voyez-vous pas un élément assez triste? L'éloquence de Pathelin semble épuisée : il ne sait plus tromper le drapier. Analysez ce trait de caractère.

■■

Scène X. — PATHELIN, LE BERGIER
Toujours devant le tribunal.

[PATHELIN], *au berger.*

Dy, Aignelet.

LE BERGIER

Bée!

PATHELIN

       Vien çà, vien,
Ta besongne*, est-elle bien faicte?   ton affaire

LE BERGIER

Bée!

PATHELIN

    Ta partie est retraicte* :   s'en est allée
Ne dy plus « Bée! », il n'y a force*.   pas besoin
¹⁵⁴⁵ Luy ay-je baillée* belle estorse*?   donné; entorse
T'ay-je point conseillé à point?

LE BERGIER, *bas.*

Bée!

PATHELIN

   Hé! Dea! On ne te orra* point.   t'entendra
Parle hardiment : ne te chaille*!   ne t'inquiète pas

LE BERGIER

Bée!

PATHELIN *(Il s'impatiente un peu.)*

   Il est temps que je m'en aille.
¹⁵⁵⁰ Paye-moy!

LE BERGIER

Bée!

PATHELIN

      A dire veoir,
Tu as très bien fait ton debvoir,
Et aussi très bonne contenance*.   mine
Ce qui luy a baillé l'avance*,   l'a mystifié
C'est que tu t'es tenu de rire.

LE BERGIER

¹⁵⁵⁵ Bée!

PATHELIN

Quel « Bée! »? Il ne le fault plus
          [dire.
Paye-moy bien et doulcement*!   gentiment

LE BERGIER

Bée!

PATHELIN

Quel « Bée! »? Parle saigement
Et me paye, si* m'en yray.   alors

LE BERGIER

Bée!

PATHELIN

Scez-tu quoy je te diray :
¹⁵⁶⁰ Je te pry, sans plus m'abaier*,   m'aboyer
Que tu penses de moy poyer*.   me payer
Je ne vueil plus de ta baierie.
(Se fâchant.)
Paye tost!

LE BERGIER

    Bée!

PATHELIN

        Es-se mocquerie?
Es-se quant que* tu en feras?   tout ce que
¹⁵⁶⁵ Par mon serment, tu me paieras,   Si tu ne t'envoles
Entens-tu? Se tu ne t'voles*,
Sà! Argent!

LE BERGIER

    Bée!

PATHELIN

        Tu te rigolles*!   tu plaisantes!
Comment? N'en auray-je aultre chose?

LE BERGIER

Bée!

PATHELIN

Tu fais le rimeur en prose!
1570 Et à qui vends-tu tes coquilles*?   ta marchandise
Scez-tu qu'il est? Ne me babilles*   bredouille
Meshuy* de ton « Bée! », et me paye!   désormais

LE BERGIER

Bée!

PATHELIN

N'en auray-je aultre monnoye*?   argent?
A qui te cuides-tu* jouer?   crois-tu
1575 Je me devoie tant louer
De toy! Or, fais que je m'en loe*!   m'en loue

LE BERGIER

Bée!

PATHELIN, *à part.*

Me fais-tu mengier de l'oe*?   manger de l'oie [1]
Maugré bieu*, ay-je tant vescu   malgré Dieu
Que ung bergier, ung mouton vestu,
1580 Ung villain paillart me rigolle*!   se moque de moi!

LE BERGIER

Bée!

PATHELIN, *au berger.*

N'en auray-je aultre parolle?
Se tu le fais pour toy esbatre*,   t'amuser
Dy-le, ne m'en fays plus débatre*.   discuter
Vien t'en soupper à ma maison.

LE BERGIER

1585 Bée!

PATHELIN, *au berger.*

Par saint Jehan, tu as raison :
Les oisons mainnent* les oes paistre [2]!   mènent

(A part.)

Or cuidoye* estre sur tous maistre,   je croyais
De trompeurs d'icy et d'ailleurs,

---

1. Me trompes-tu. — 2. Expression proverbiale qui signifie tromper.

Des fort coureux*, et des bailleurs	coureurs d'aventures

1590 De parolles en payement
A rendre au jour du jugement,
Et ung bergier des champs me passe*!   surpasse!

(Au berger.)

Par saint Jaques, se je trouvasse
Ung bon sergent, je te fisse* prendre!   ferais

LE BERGIER

1595 Bée!

PATHELIN

Heu, « Bée! » L'en me puisse
                    [pendre
Se je ne vois* faire venir   vais
Ung bon sergent! Mesadvenir
Luy puisse-il, s'il ne t'enprisonne!

(Pathelin s'en va chercher un « sergent ».)

LE BERGIER

S'il me treuve*, je luy pardonne!   trouve
    (Le berger s'enfuit.) [1]

EXPLICIT [2]

---

1. Dans le manuscrit n° 25 467 du fonds français de la Bibliothèque Nationale, le copiste met dans la bouche du berger ces vers qui ne se trouvent dans aucun autre texte :

   S'i ne trouve, je luy pardonne!
   Il convient tirer ma guestre;

   J'ay trompé des trompeurs le maistre,
   Quar tromperie est de tel estre
   Que qui trompe trompé doit estre.
   Prenez en gré la Commedye,
   Adieu toute la Compaignie.

2. Cette expression (= ici se termine) marque la fin d'un texte.

■■

SCÈNE X

● Le décor

Observez le dernier bois de la série Levet. Vous y remarquerez le *brief* (dossier) que l'avocat tient à la main gauche.

● L'action

La seconde action prend fin, et nous voyons l'architrompeur trompé par un berger inculte. Les deux actions se nouent et la farce nous fait réfléchir et rire en même temps.

① Étudiez le dialogue et la façon dont les *bée* répétés donnent un effet d'*accelerando* jusqu'à la fin de la pièce.

● Les personnages

Pathelin, qui aime la flatterie, apprend avec incrédulité qu'il a été déçu et trompé.

② Lisez à haute voix la série des *bée* pour faire ressortir les diverses intonations qui feront, de cette syllabe isolée, une réponse suffisante aux questions que pose Pathelin.

● L'art du dramaturge

La farce, qui se jouait sur une scène dépourvue de rideau, se termine par la disparition de tous les personnages : Pathelin s'en va chercher un huissier et le berger s'enfuit. Rappelons qu'au moins un copiste du texte a mis dans la bouche du berger un discours final qui s'adresse au public et qui présente *Pathelin* comme une comédie.

③ Par quoi *Pathelin* annonce-t-il le théâtre de Molière?
④ Le génie de l'auteur atteint-il celui de Molière? Exposez vos raisons.

■■

Le Bergier

Bée

Pathelin
Vien ca Vien
ta besongne est elle bien faicte
Le Bergier

Bée

Planche VII de l'édition Levet

PATHELIN. — *Paye-moi bien et doulcement!*
LE BERGIER. — *Bée!* (v. 1556-1557)

LES « DRAPPIERS »
VERS LA FIN DU MOYEN AGE

1. Les drapiers d'après la farce de « Pathelin »

La farce de *Pathelin* jette une lumière précieuse sur la vie des marchands au xvᵉ siècle. Une gravure de l'édition Levet (ici, p. 42) nous montre le drapier debout à son étal. Sur une table à tréteaux se trouve un rouleau de drap; le stock du marchand est empilé derrière lui. Le commerce se fait non dans une boutique mais à la foire; Pathelin le dit clairement (v. 63) :

> *Je vueil aler à la foire.*

Guillaume Joceaulme n'a pas choisi son métier par un pur hasard : il a suivi l'exemple de son père, c'est du moins ce que suggèrent les propos flatteurs de l'avocat (v. 123) :

> *Qu'estoit-ce ung bon marchant et sage!*

Et Pathelin de souligner la ressemblance entre le père et le fils.
Le drapier est non seulement marchand de draps : il s'occupe de la fabrication du drap, sans toutefois se faire tisserand. A la scène 2 (v. 182-183), il déclare que son drap est fait de la laine de ses troupeaux :

> *Je l'ay fait faire tout faictis*
> *Ainsi des laines de mes bestes.*

D'autres draps de son fonds ont été fabriqués avec des toisons qu'il a achetées lors des grandes foires (v. 249 et suiv.) :

> *Vous verrés que vault la toison*
> *Dont il solloit estre foison*
> *Me cousta à la Magdalaine*
> *Huit blans...*

D'autres draps encore ont été achetés tout confectionnés (v .192-193) :

> *C'est ung très bon drap de Roen,*
> *Je vous prometz, et bien drappé.*

On sait quel parti l'auteur tire du fait que le drapier vend du drap fabriqué avec la laine des bêtes qu'il possède. Mais, devant le tribunal du juge, l'avocat suggère que les drapiers ne vendaient pas d'ordinaire du drap provenant de leurs moutons (v. 1275-1281) :

> *Il veult dire* [...]
> *Que son bergier avoit vendu*
> *La laine* [...]
> *Dont fut fait le drap de ma robbe,*
> *Comme s'il dist qu'il le desrobe,*
> *Et qu'il luy a emblé les laines*
> *De ses brebis.*

Et le juge ne comprend pas les rapports entre le berger et le drap (v. 1350-1352) :

> *Il brouille de drap, et babille*
> *Puis de brebis* [...]
> *Chose qu'il die ne s'entretient!*

Si les drapiers du Moyen Age avaient vendu normalement du drap tissé avec la laine de leurs moutons, et des draps confectionnés avec de la laine ou des toisons qu'ils eussent eux-mêmes achetées, le juge aurait compris rapidement les propos confus du drapier, mais le commerce du drap au Moyen Age n'était pas exactement tel que l'auteur de *Pathelin* le décrit. Pour accentuer le comique de la pièce, il a modifié les conditions du commerce.

2. Les drapiers à Paris

Dans le *Livre de la taille de Paris*, l'an 1296, et l'an 1297[1], on relève quelques mentions des drapiers. Ces listes des taxes perçues à Paris fournissent des renseignements précis sur la vie marchande et municipale vers la fin du Moyen Age. Grâce à elles, on est en mesure d'évaluer l'importance commerciale des différents métiers.

Dans un quartier de la Cité, la « Parroise Saint-Bertelemy », se trouvait « La Draperie », et c'est tout près de cette « Draperie » que demeurait Estiennc Marccl, imposé en 1296 pour IX £ 15 s (9 livres, 15 sols)[2].

Le célèbre prévôt des marchands de Paris appartenait à une famille de drapiers. L'année suivante, on trouve dans le *Livre de la taille* des indications sur cette famille[3] :

Pierre Marcel, le viel	*XLVIII £*
Estienne Marcel	*VIII £*
Jehan Marcel	*VIII £*
Symon Marcel	*IIII £ 12 s.*

---

1. Publié par Karl Michaëlsson, Göteborg, 1958 et 1962 (*Acta Universitatis Gothoburgensis*, vol. LXIV (4), vol. LXVII (3). — 2. *Taille de 1296*, p. 196. — 3. *Taille de 1297*, p. 181.

D'autres drapiers, moins célèbres, étaient plus ou moins imposés [1] :

Nicholas de Canon, drapier . . .	*36 s.*
Colin Tibost, vallet drapier . . .	*52 s.*
Pierre Bateste, vallet drapier . . .	*16 s.*
Rogier du Sartrin, drapier . . .	*70 s.*
Estienne le Queu, drapier	*100 s.*
Jehan de Courbueil, drapier . . .	*VII £*
Pierre de Chambeli, drapier . . .	*XVI £ 10 s.*

L'importance des drapiers de la Cité apparaît si l'on établit des comparaisons avec d'autres marchands, les orfèvres par exemple [2] :

Girart l'Aleman, orfèvre	*14 s.*
Oudin Marcel, orfèvre	*7 s.*
Gilebert l'Englais, orfèvre	*58 s.*
Robert de Nogent, orfèvre	*58 s.*

Pas un de ces orfèvres n'est imposé pour cent sols !

Dans le quartier des Halles étaient établis d'autres drapiers. Voyons les taxes que payèrent en 1296 [3] ceux qui occupaient « le Renc des estaus [...] jusques à la rue qui va à la Boucherie » :

Jaques le Pevrier, drapier . . .	*IX £*
Nicolas Bourjois, drapier . . .	*IIII £ 5 s.*
Lorenz qui dosnoie, drapier . . .	*XIX £*
Symon des Prez, drapier	*VI £ 5 s.*

Dans cette rue, seuls les marchands de vins payaient des impôts plus élevés, par exemple :

Nicholas de Pacy, marcheant de vins .	*XII £ 8 s.*

Les drapiers y voisinaient avec des cordonniers, des meuniers, et aussi des bouchers, dont un attire notre attention [4] :

Symon Mouton, escorcheur de moutons . . .	*7 s.*

Le nom de cet « écorcheur » ne fait-il pas songer à celui du célèbre berger Thibaut l'Aignelet? Notre Thibaut l'agneau pourrait bien être le fils spirituel de ce Symon mouton.

En procédant ainsi par sondages dans les archives fiscales, on se fait une idée assez claire de la vie marchande à Paris. Les drapiers aisés demeuraient près de la cour royale dans la paroisse de Saint-Barthélemy : « Ce sont ceus qui sont dedenz la Court Le Roy. » Sur la rive droite de la Seine, les commerçants plus modestes s'installaient en pleine rue, dans des conditions qui ressemblaient plutôt à celles du marché et de la foire.

---

1. *Taille de 1296*, p. 197 et 199. — 2. *Taille de 1296*, p. 195. — 3. *Taille de 1296*, p. 146 - 147, *Taille de 1297*, p. 345. — 4. *Taille de 1296*, p. 148.

3. Guillaume Joceaulme, fiction littéraire ou réalité historique ?

Dans quelle mesure le portrait du drapier Guillaume Joceaulme correspond-il à la réalité ? Vers la fin du Moyen Age, le commerce du drap s'organisait au niveau international. Le drap anglais se vendait à Venise en 1265, année où l'on y imposa des droits de douane. A la fin du XIIIe siècle, un certain Gilebert l'Englois, drapier, était installé à Paris dans la paroisse de Saint-Germain. Sa maison avait une certaine importance, selon le *Livre de la taille*, et les taxes qu'il payait étaient les plus élevées de la rue [1] :

Premièrement du Coing Robert d'Oisseri, par la Ferronerie, jusques à Gilebert l'Englois

Gilebert l'Englois, drapier	IIII £	*5 s.*
Bertaut, son gendre		*58 s.*
Perrot, son vallet		*8 s.*

Les Pays-Bas étaient un centre important de commerce des draperies, et le drap flamand était célèbre. Mais, au XVe siècle, des marchands anglais s'installèrent à Bruges et à Bruxelles pour y vendre des draps anglais. La concurrence devint si grande qu'en 1464, année où la farce de *Pathelin* selon toute vraisemblance fut écrite, le duc Philippe le Bon, duc de Bourgogne, interdit l'importation de drap anglais dans ses domaines, qui comprenaient à cette époque non seulement la Bourgogne mais aussi la Flandre. Est-ce que l'auteur de *Pathelin* fait allusion au règlement du commerce en citant la largeur des draps de Bruxelles (v. 259) ?

Quoi qu'il en soit, l'histoire de ce commerce est une histoire vraiment internationale. Les différents pays d'Europe achetaient et vendaient non seulement des draps tout faits, mais aussi de la laine et des toisons. Les tisserands transformaient cette matière première en tissus, qui, après avoir été foulés ou drapés par les foulons, et parfois rasés pour être rendus plus lisses, devenaient des draps.

Toute cette série d'opérations se reflète dans les *Livres de la taille* [2] ; il y est question de la *Viez Tisserranderie* près de laquelle sont installés :

Jehan le Paalier, tisserant	*24 s.*
Jehan de Boissi, tisserant	*6 s.*
Jehan l'Englois, tondeeur	*8 s.*
Guillaume du Loré, foulon	*20 s.* [3]

Guillaume Joceaulme attire l'attention de son client sur les qualités du drap de Rouen (v. 190-193) :

---

1. *Taille de 1296*, p. 22; *Taille de 1297*, p. 20. — 2. *Taille de 1297*, p. 149-151. — 3. *Taille de 1296*, p. 159.

PATHELIN. — *Cestuy-cy, est-il taint en laine?*
Il est fort comme ung cordoen!

LE DRAPPIER. — *C'est ung très bon drap de Roen,*
Je vous prometz, et bien drappé.

En somme, ce que la farce nous apprend sur les mœurs des drapiers est vraisemblable. Il faut, cependant, insister sur cette restriction : les drapiers vendaient rarement du drap qu'ils avaient fait faire avec de la laine provenant de leurs propres troupeaux. A la fin du Moyen Age les métiers se spécialisaient en effet : drapiers, teinturiers, foulons, tisserands étaient groupés dans des confréries différentes. Et il est peu probable qu'un drapier « forain » comme Guillaume Joceaulme ait possédé des troupeaux. L'auteur de *Pathelin*, pour les besoins de sa farce, a fondu deux actions différentes.

En faisant du maître du berger et du drapier un seul et même personnage, il a réalisé un chef-d'œuvre. Ce n'est pas un document relatif à l'histoire commerciale qu'il nous a légué, mais une œuvre d'art basée sur la vérité humaine.

La monnaie

Un franc vaut 20 sous. Le sous vaut 12 deniers. Mais le sous *parisis* vaut 15 deniers *tournois*, au lieu de 12. On comprend donc le calcul fait par le Drapier à la scène II (v. 277-278) : 24 sous *parisis* $\times$ 6 = 144 sous, soit 9 francs *tournois* (144 sous ordinaires ne vaudraient que 7 francs et 4 sous).

GUILLEMETTE. — *Par mon serment, il m'a ouye,*
Il semble qu'il doye desver! (scène 5, v. 778-779)

Anne Marbeau (GUILLEMETTE), Jacques Morineau (PATHELIN) et Jean Térensier
(GUILLAUME) dans une mise en scène de Christian Grau-Stef.
Théâtre Montparnasse, 1978

LA LANGUE DE LA FARCE
DE « PATHELIN »

1. Généralités

La farce est écrite dans la langue courante du xve siècle. Cette langue, qui n'est pas encore le français moderne, est parfois nommée le **moyen français.**

L'ancien français, à partir de l'an 842 (date des célèbres *Serments de Strasbourg*), se détacha du latin. Il se caractérisait par des phénomènes particuliers : le cas sujet et le cas régime se distinguaient l'un de l'autre ; le sujet du verbe s'exprimait par la terminaison ; l'usage du pronom n'était pas obligatoire... Vers la fin du xiiie siècle, la distinction entre les deux cas ne se maintint plus, et l'usage du pronom, sujet du verbe, devint plus fréquent. En un mot, la syntaxe subit une transformation remarquable : comme le français moderne, le moyen français est une langue analytique ; c'est par l'ordre des mots que la construction de la phrase se révèle ; les prépositions et les pronoms acquièrent une importance qu'ils n'avaient ni dans le latin ni dans l'ancien français.

2. L'orthographe

— L'orthographe du texte que nous présentons est celle de l'imprimeur Pierre Levet, à laquelle nous avons ajouté une ponctuation et des accents modernes. L'orthographe n'étant pas alors fixée de façon définitive, l'imprimeur présente les mots de façon variable :

> *demye* (v. 261) ;   *demie* (v. 264)
>
> *quest-ce* (v. 562) ;   *ques-se* (v. 1267)
>
> *trois* et *troys* (dans le même vers 771)
>
> *ge* et *je* (dans le même vers 819)
>
> *dessoubz* (v. 311) ;   *dessoulz* (v. 997)

Notons que l'*i* s'emploie comme l'*y*, et le *g* devant *e* comme le *j*. La distinction entre *i* et *j*, voyelle et consonne, ainsi qu'entre *u et v*, voyelle et consonne, est moderne; normalement *j* et *v* s'emploient comme la lettre initiale d'un mot, *i* et *u* à l'intérieur d'un mot; seul, le contexte indique s'il s'agit d'une voyelle ou d'une consonne. Parfois, l'orthographe du xvᵉ siècle sert à éviter des malentendus : dans les manuscrits gothiques, *un* pourrait représenter *un, mi, vu*; la graphie *ung*, pour *un*, est plus claire, et Pierre Levet l'emploie fréquemment (vers 375, 745, etc.). A la fin d'un mot, il préfère *y* à *i*, pour la même raison de clarté, (*moy*, v. 321; *quoy*, v. 321; *boy*, v. 323; *luy*, v. 524, etc.). Parmi d'autres préférences de Levet, notons *z* (à la fin d'un substantif ou d'un adjectif qui se termine en *-l*) comme signe du pluriel (*pareilz*, v. 152) ou comme consonne finale d'un substantif (*filz*, v. 148), tandis que la consonne finale du verbe est souvent *s* : *verrés*, v. 140; *resemblés*, v. 169; *parlés*, v. 509; *voulés*, v. 188; mais *veez*, v. 168.

— L'étymologie de certains mots se retrouve dans l'orthographe : *dictes* (v. 1299, latin *dicere*); *faictes* (v. 831, lat. *facere*); *doulx* (v. 181, lat. *dulcis*). Parfois une consonne « étymologique » a disparu : *piés* (v. 595 = pieds); *puis* (v. 553 = puits); *dens* (v. 429 = dents). L's devant *t*, qui se marque en français moderne par l'accent circonflexe, se trouve fréquemment : *fenestres* (v. 612); *maistre* (v. 636), etc. Parfois des lettres « étymologiques » sont introduites par erreur : ainsi dans *sçay* (v. 708); les copistes et les imprimeurs du xvᵉ siècle voyaient un rapport entre le verbe *savoir* et le verbe latin *scire* (au lieu de *sapere*).

3. Syntaxe

a. Le verbe

— Les temps.

L'emploi des temps du verbe a évolué depuis l'époque de *Pathelin*. Cependant, les cas où, dans la farce, le temps du verbe offre une difficulté ne sont pas nombreux.

Le passé simple se trouve là où le français moderne exige le passé composé; parfois il s'emploie pour un état qui dure encore :

> *Or sire, la bonne Laurence,*
> *Vostre belle ante*, mourut-*elle?*   [est-elle morte]
>   (v. 158-159)

> *Je luy disoie que son feu père*
> Fut *si vaillant*   [était]
>   (v. 409-410)

Les narrations sont assez rares dans une farce; notons cependant que, quand Guillemette raconte la fable du corbeau et du renard, elle passe, d'une manière pittoresque, du passé simple au présent (de narration) pour faire ressortir les actions importantes :

> *Le corbeau...*
> *Si* ouvrit *le bec pour chanter.*
> *Et son formage* chet *à terre,*
> *Et maistre renart le vous* serre
> *A bonnes dens, et si* l'emporte.
> (v. 448-453)

Le passé simple s'emploie, dans la conversation, là où nous utiliserions le passé composé :

> *C'est à vous à qui je* vendi
> *Six aulnes de drap, maistre Pierre?*
> (v. 1265-1266)

— Les modes

Le **subjonctif** s'emploie plus fréquemment que dans le français moderne;

dans les **hypothèses** :

> *Touteffois on* eust *arrachié*
> *Les dens du villain marsouyn*
> . . . .
> . . *avant qu'il em* prestassent,
> (v. 428-431)

dans les **souhaits** :

> Souviengne *vous du samedi* (v. 486)

(verbe impersonnel, le pronom outil est omis)

> *... Dieu par sa grâce*
> *Le* sache!
> (v. 513-514)

dans des phrases subordonnées à un verbe au subjonctif :

> *... affin qu'on ne* voye
> *Que vous* soiés *mon advocat*
> (v. 1205-1206)

dans des expressions « génériques » :

> *Et quant je viz qu'il* eust *puissance*
> *D'aler aux champs...*
> (v. 1241-1242)

L'infinitif s'emploie parfois comme substantif :

> *Et vous deffendz le* procéder. (v. 1472)

b. Les pronoms

Pronoms personnels. Le pronom outil *il* s'emploie de plus en plus régulièrement :

> Souffist-il *se je vous estraine* (v. 298)

Mais l'usage n'est pas encore obligatoire :

> *Ne me* chault, *couste et vaille!* (v. 215)
> *Ne vous* chaille...   (v. 306)

Pronoms démonstratifs

Celui, celle gardent encore les fonctions d'adjectif et de pronom :

> *Or laissiés* celle *baverie.* (v. 490)

Mais *ceste, cest* ont le plus souvent la fonction d'adjectif :

> *ceste* pièce   (v. 220)
> *cest* yver   (v. 245)

Cestuy est une forme plutôt emphatique :

> Cestuy-ci *est-il taint en laine?* (v. 190)

L'article est omis dans des expressions générales :

> *Et que j'aye or!* (v. 333)

4. Quelques formes particulières

L'imparfait du verbe se termine en *oie* (*oye*), etc. :

> *Je n'avoye*   (je n'avais, v. 195)
> *Je vouloye*   (je voulais, v. 206)
> *Je souloye*   (j'avais l'habitude, v. 253)
> *Je luy disoie*   (je lui disais, v. 409)
> *Je cuidoye*   (je croyais, v. 697)
> *Je pensoye*   (je pensais, v. 1154)

Le comparatif de l'adjectif

Grignour (v. 1361) ou *grigneur* (v. 1485) est une forme synthétique tirée du latin *grandiorem.*

5. Quelques remarques sur la versification

La farce est écrite en vers octosyllabes qui riment normalement deux par deux. Même les répliques en « divers langages » se présentent de cette façon. Cependant trois vers (v. 929, 930 et 931), dont les deux premiers en langue « bretonne », riment ensemble.

La couple est brisée à la fin des scènes I, II, III, V, VI, VII, VIII, IX, c'est-à-dire que, seules, la très courte scène IV (un monologue prononcé par le drapier) et la scène dernière se terminent par le deuxième vers de la couple.

L'auteur n'observe aucune alternance des rimes masculines et féminines, alternance qui ne sera établie qu'un siècle plus tard par les poètes de la Pléiade.

Les vers se partagent fréquemment entre divers personnages, et les enjambements sont fréquents :

> Pleüst a Jesu Christ que le pire
> De ce monde luy resemblast.
> (v. 176-177)

> Cecy m'y fera une belle
> Bosse.
> (v. 312-313)

> Je doy boire et si mengeray
> De l'oe
> (v. 500-501)

> Je demeure
> Beaucoup.
> (v. 526-527)

> Et vous me le rendrés par le
> Dieu qui voult à Noël estre né!
> (v. 1443-1444)

> C'est ung bel honneur de plaider
> A ung fol.
> (v. 1473-1474)

> ne retourne
> Jamais...
> (v. 1490-1491)

> Voulés-vous venir
> Souper avec moy...
> (v. 1499-1500)

117

La rime riche est fréquente :

> *doncques — quiconques* (v. 303-304)
> *ensemble — semble*   (v. 399-400)
> *tenir — venir*   (v. 1498-1499)

On trouve des rimes léonines :

> *parle — par le* (v. 1442-1443)

et des rimes équivoques :

> *corbeau — corps beau* (v. 445-446)

La rime pauvre est rare, mais elle existe :

> *paye — voye* (v. 341-342)

L'auteur rime avant tout pour l'oreille, ce qui se comprend dans une farce faite pour être jouée; cependant, il ne néglige pas les rimes qui attirent l'œil du lecteur.

LE BERGIER. — *Par mon serment, il peult bien estre* ▶
               Que j'en ay mengié plus de trente
               En trois ans.

                       (scène 7, v. 1141-1143)

Anne Marbeau (GUILLEMETTE), Jacques Morineau (PATHELIN) et Dominique Economides (AIGNELET) dans une mise en scène de Christian Grau-Stef. Théâtre Montparnasse, 1978

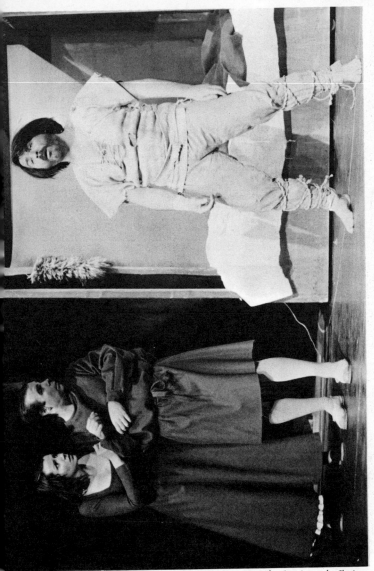

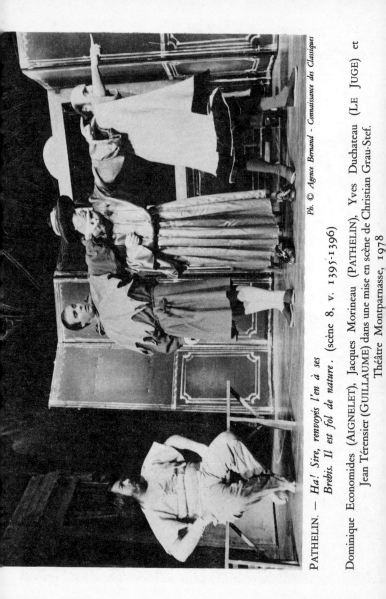

PATHELIN. — *Ha! Sire, renvoyés l'en à ses*
Brebis. Il est fol de nature. (scène 8, v. 1395-1396)

Ph. © Agence Bernand - Connaissance des Classiques

Dominique Economides (AIGNELET), Jacques Morineau (PATHELIN), Yves Duchateau (LE JUGE) et
Jean Térensier (GUILLAUME) dans une mise en scène de Christian Grau-Stef.
Théâtre Montparnasse, 1978

DOSSIER PÉDAGOGIQUE

Approche de « Pathelin »

Pièce de théâtre amusante et qui fait rire : on peut s'en tenir à cette formule car, en parlant du *Pathelin*, il est hasardeux d'utiliser les termes de « farce » ou « comédie » sans bien en définir la portée (voir Introduction pp. 5-6) ; les vieux imprimeurs intitulent simplement l'ouvrage : « *Maistre Pierre Pathelin* ».

Étude structurale de la pièce

« Avec ses 1 600 vers, elle a une étendue double de celle des plus longues farces connues », déclare PIERRE VOLTZ. Et c'est heureux car, moins longue, elle n'eût pas permis autant de variations dans la manière de grouper les personnages : mari/femme ; trompeur/trompé (situation redoublée) ; allié/adversaire ; allié qui devient adversaire.
— Comment le trompeur (Pathelin) devient-il le trompé ? Comment son allié (le Berger) devient-il son adversaire ? Suivez de près l'évolution de l'action et réservez votre réponse : voir les questions suivantes. La critique américaine BARBARA BOWEN souligne la simplicité de l'action dans les farces basées sur un conflit entre « types » qui s'opposent : mari/femme ; client/marchand, etc.
— Voyez-vous, dans cette remarque, un compliment ou une critique ?
— Quels sont les « types » qui s'opposent dans *Pathelin* ? Le conflit qui les oppose les amène à changer de rôle. Ce changement se fait-il brutalement, sans variations ? Guillemette est-elle l'alliée ou l'adversaire de maître Pierre ?
« Peu d'œuvres dramatiques ont une structure aussi dense et serrée que *Pathelin* », constate JEAN FRAPPIER. Deux actions s'entrelacent, non seulement sur la scène mais aussi dans l'esprit du drapier. Ainsi, « l'enchevêtrement de la "draperie" et de la "bergerie", dans la cervelle de Guillaume Joceaulme, » est une « trouvaille » remarquable (voir la scène 8).

La pièce se présente à la fois sur le plan des « affaires » et sur le plan psychologique. Selon MICHEL ERRE, elle comporte des éléments qui renvoient « à un dehors de la scène ou à un avant de la représentation ». C'est grâce aux rapports antérieurs entre le berger et son drapier que s'explique la confusion dans l'esprit de celui-ci.

Lecture linguistique

ROLAND BARTHES a mis en valeur l'importance capitale du langage dans une tragédie; on connaît sa formule : c'est un « monde où la parole serait solution ». Il ne serait pas impossible de reprendre cette formule à propos de *Pathelin*. Le passage célèbre où l'auteur fait délirer Pathelin en plusieurs langues retient l'attention de tout lecteur; mais, en dehors de ce jeu linguistique, l'importance du langage se révèle partout. Pathelin vole le drap non par la prestidigitation, mais par l'éloquence. Guillemette protège son mari en se battant contre le drapier avec des mots. C'est avec des mots, en « droite advocasserie » (v. 47), que se battent les gens de justice au cours d'un procès. C'est avec un seul mot, une banale onomatopée rappelant le cri du mouton, que sont vaincus non seulement le drapier confus mais aussi l'astucieux Pathelin.

Ainsi, finalement, c'est le langage utilisé de façon perverse qui triomphe, et non le « beau langaige » (v. 457). La rhétorique et l'éloquence font illusion au début; elles cèdent bientôt la place au délire, puis à un duel purement linguistique. Le langage devient un piège : le *Parlés bas!* hurlé par Guillemette (v. 577) déroute le drapier non moins que les propos de Pathelin qui feint de prendre son créancier pour un médecin.

— Étudiez tout au long de la pièce, le rôle que joue la langue qui n'a pas « pour fonction de dire un sens, mais de produire un effet ». Dans la scène en divers langages, certains critiques ont vu des allusions permettant de situer la pièce dans un contexte historique. Cette fantaisie verbale a une autre signification. Elle permet à Pathelin de révéler sa pensée et de la dissimuler en même temps. Les Normands, les Limousins, les Bretons tour à tour peuvent comprendre ce qu'il dit lorsqu'il emploie divers dialectes, que le marchand déchiffre peu ou prou. A partir du moment où Pathelin s'exprime en latin, langue solennelle de la Loi et des cérémonies religieuses, le marchand éberlué ne comprend qu'une chose : Pathelin va « passer le pas » (v. 976), attend le notaire et le prêtre pour mourir. Les douze vers latins (v. 957-968) n'ont de sens propre que pour les « écoliers » et les gens cultivés qui assistent au spectacle : ils y trouvent le résumé succinct du drame.

— « La langue a un sens mais le cache ». Commentez cette phrase en vous reportant à la scène 5.

Si la langue est une arme efficace dans le combat journalier de la vie, elle peut être en retour aussi dangereuse pour celui qui s'en

122

sert que pour son adversaire. Pathelin, parleur professionnel, offre ainsi son conseil au berger (v. 1159-1165) :

> Ce tu parles, on te prendra
> Coup à coup aux positions,
> Et en ces cas confessions
> Sont si très préjudiciables,
> Et nuysent tant, que ce sont deables.

Le berger a bien compris : il prend l'avocat à son « mot » (v. 1196). Lorsque Pathelin lui demandera des comptes, il ne répondra que par un cri, « Bée ! ». La seule façon de triompher des beaux parleurs, c'est de bégayer comme le Père Grandet, ou de jouer les imbéciles comme Pathelin. Le personnage dominant sera toujours celui qui se joue le mieux de la parole, soit pour charmer, soit pour déconcerter.

— Certains sociologues modernes affirment que « le langage est toujours du côté de la classe dominante ». Pourriez-vous le prouver (ou le nier) en vous appuyant sur le dénouement de *Pathelin?*

Lecture sociale

Nous avons déjà fait observer (p. 12) que l'auteur de *Pathelin* satirise la condition humaine en général plutôt que les classes sociales en particulier. Peut-on soutenir, en effet, que, si le drapier est berné par son berger, c'est en raison d'un « conflit de classes »? Ce berger ne nous est pas présenté comme un prolétaire modèle : il n'est pas honnête, il aime l'argent autant que le marchand et l'avocat « dessous l'orme », et il en parle avec délices :

> Je vous paieray très bien (v. 1079)
> J'ay assés finance (v. 1116)
> Je ne vous paieray...
> ... en bel or à la couronne (v. 1125-1126)

Où trouver, dans ces propos et dans la conduite finale du berger facétieux, un exemple à suivre pour la « classe ouvrière »? Ce brave homme, un peu fripouillard, n'est ni meilleur ni pire que les autres personnages de la pièce. Pas voleur, non, « happelourde » seulement. Une interprétation marxiste de la pièce prêterait à sourire.
Ce que l'on peut retenir, au point de vue social, dans *Pathelin,* c'est la variété des « cultures » :
a) culture populaire représentée par des proverbes : *en peu d'eure Dieu labeure* (v. 40);
b) culture juridique représentée par des termes encore en usage chez les juges, les avocats : *demandeur, défendeur* (v. 1230-1231); *procéder* (1260), etc.;

123

c) culture littéraire : allusion à la fable du corbeau et du renard;

> Il m'est souvenu de la fable
> Du corbeau qui estoit assis (v. 438 et suiv.)

Irons-nous jusqu'à dire que *Pathelin* reflète une société en mutation, en « Renaissance »? MICHEL ERRE voit, dans cette pièce, « une farce où se jouent certains conflits idéologiques d'une époque de transition ». On redécouvre la langue grecque, on la traduit en latin. Les « humanistes » du *quattrocento* appellent l'admiration au même titre que les « condottieres ». Ce n'est pas la fin du règne de la lance et de l'épée, certes. Mais l'astuce de Louis XI a raison du fastueux Téméraire. En Flandre, pays du drap, le marchand prend une importance qui ne fera que grandir.

Oublions ces vastes perspectives. *Pathelin* nous invite à penser que toujours et partout les beaux parleurs, amateurs ou professionnels, se joueront de ceux qui tombent sous leur charme, et que toujours et partout l'astucieux triomphera, malgré les paroles ou avec elles.

ICONOGRAPHIE

Les gravures sur bois utilisées par Pierre Levet pour illustrer son édition de *Pathelin* sont célèbres, à juste titre. Il ne s'agit pas d'un jeu de bois « passe partout » comme on en trouve dans d'autres vieux textes imprimés; elles ont été gravées spécialement pour le texte. Elles portent cependant des traces d'usure.

Pl. II, p. 30. — Pathelin, « en contant sur ses dois » (vers 79-80, c'est le seul ancien jeu de scène indiqué), fait face à Guillemette. La main droite de Pathelin, la colonne et le pavé son mal imprimés.

— Décrivez avec précision les vêtements : la ceinture de Pathelin, le jupon de Guillemette.

Pl. III, p. 42 — Pathelin chez le drapier. La scène se déroule sous une arcade.

— Décrivez l'étal (dans le fond et sur la table). Quelle est l'importance des gestes?

Pl. IV, p. 51 — Pathelin au lit. L'imprimeur a encadré l'image de trois bordures qui n'ont rien à voir avec le texte et ne font que rehausser la mauvaise qualité du tirage. Mais l'image illustre bien la scène 5, contrairement à celle qui figure dans l'édition imprimée par Marion de Malaunoy vers 1496 : elle a utilisé un bois « passe partout » qui montre une femme et un homme couchés dans le même lit.

— Étudiez la disposition des trois personnages.

Où est placée Guillemette? Pourquoi?

— A quels vêtements encore en usage pensez-vous en la regardant? Décrivez le lit de haut en bas.

Pl. V, p. 74 — Une copie inversée de cette gravure a été utilisée par Germain Beneaut dans une édition datée du 20 décembre 1490. Dans l'édition Levet, le berger tient sa houlette de la main gauche, afin de gesticuler plus librement de la droite.

— Que portent à leur ceinture les deux personnages? Pourquoi le drapier a-t-il la main sur le cœur?

Pl. VI, p. 84 — Les personnages ne portent pas les mêmes costumes qu'au début. — Relevez les légers changements. Étudiez le jeu des mains (si important dans l'ensemble des gravures).

Pl. VII, p. 106 — Pathelin porte le même costume que dans les planches II et III.

Les planches II-IV et VI sont de la même main. La cinquième semble d'un dessin un peu moins sûr, mais elle convient parfaitement au texte. Y eut-il une précédente édition Levet? Eugénie Droz le pense, mais rien ne le prouve. Nous n'en connaissons qu'une, et elle est représentée par un exemplaire unique. Quoi qu'il en soit, cette série de bois reste un témoin important de la manière dont, au xve siècle, on considérait *Pathelin* comme un spectacle.

La peinture de Balten représentant une kermesse (voir p. 14) nous montre comment, en Flandre, au xvie siècle, on jouait des farces en plein air. Sur une estrade où le seul décor est fait de quelques meubles grossiers (une table et deux chaises), les acteurs jouent devant un public debout à leurs pieds. On distingue, derrière le rideau, la main du souffleur qui tient le texte. Les deux farceurs et le souffleur doivent dominer la voix et les cris des mendiants, des marchands, des danseurs.

TABLE DES MATIÈRES

Imprimerie Berger-Levrault, Nancy. – 778751-6-1983.
Dépôt légal : juin 1983. – Dépôt 1re édition : 1967.
Imprimé en France.